상속의
역사

상속의 역사

백승종 지음

사우

상속은 인류 역사의 프리즘

1

"요새처럼 사업하기도 어렵고, 하던 일을 자식에게 물려주기가 어렵다면 기업가정신이 죽을 수밖에 없다. 차라리 사업을 접고 싶다." 일간지에서 읽은 어느 기업주의 신상발언이다.

한국경제연구원에 따르면, 2018년 현재 OECD(경제협력개발기구) 회원국 가운데 상속세와 소득세 최고세율의 합이 가장 큰 나라는 일본이다(상속세 55퍼센트, 소득세 45퍼센트). 그다음은 한국이다(상속세 50퍼센트, 소득세 42퍼센트).

대기업에 우호적인 한국의 언론들은 언성을 높여 현행 세제를 비판한다. "높은 상속세율 때문에 기업의 승계가 어렵다. 기업가들이 자산을 해외로 옮길 수밖에 없는 처지다." 실제로 국내의 유수한 회계법인들은 기업의 해외 이전 및 자산 유출을 돕기 위해 특별 팀을 운영한다.

높은 상속세 및 소득세 때문에 한국에서는 정상적인 기업 활동이 불가능하다는 주장이 꽤 요란한 셈이다. 그럼 한국의 기업가들은 법대로 세금을 내고 있을까? 한국 사회는 과연 반기업적인가?

근년에 광고비를 가장 많이 지출한 어느 제약회사를 예로 들어보자. 이 회사는 자녀 명의의 광고회사에 거액의 일감을 몰아주었다. 2005년부터 2018년까지 적어도 10년 넘게 그러했다. 한 해에도 많게는 200억 원 가까운 거액의 광고비가 자녀 회사로 흘러들어갔다.

그밖에도 여러 가지 편법을 통해 거액의 재산이 증여 또는 상속되었다. 기업가는 법이 허용하는 테두리 안에서 절세 수단을 이용했을 뿐이라고 강변할 테지만, 시민들의 시선은 곱지 않다.

어디 이 회사뿐이겠는가. 재벌가문은 더하면 더했지 덜할 리가 없다. '높은 세율 때문에 국내에서는 도무지 어떤 사업도 못하겠다'는 아우성과는 달리 법이 규정한 세금을 제대로 내는 부자는 거의 없다. 시민들이 기억하는 착한 기업은 '오뚜기식품'과 '유한양행' 정도다.

경제적 불평등과 양극화는 악화일로에 있다. 그 문제를 역사적으로 조망하기 위해서 나는 이 책을 쓴다.

2

현대사회는 양극화로 인해 큰 고통을 받고 있다. 동서고금의 역사에 드문 현상이다. 10여 년 전 삼성경제연구소가 발표한 세계 주요 국가들의 양극화지수를 보더라도 사태는 심각한 수준이었다. 미국이 125.3으로 가장 높았고, 그다음이 한국이었다(100, 2004년 기준). 뒤를 이어 영국(98.2), 스웨덴(84.7), 일본(76.2), 독일(71.4) 등이 양극화가 가장 심한 나라로 조사되었다.

문제는 해가 갈수록 양극화가 더욱 악화되고 있다는 점이다. 한국의
상위 1퍼센트의 부자는 연평균 소득이 3억 8120만 원으로, 하위 20퍼
센트 소득계층의 연간 소득 647만 원보다 59배나 많다(2013년 5월 현재).
양극화 문제는 더 이상 숨길 수 없는 수준이다.

2017년 현재 한국인의 43.1퍼센트는 양극화를 가장 중요한 경제적
현안으로 손꼽았다. 시민들은 이것이 저출산(31.9퍼센트)이나 저성장(11.5
퍼센트)보다도 훨씬 더 고질적인 문제라고 말했다(2017년 7월).

양극화를 부추기는 요인은 무엇일까. 일차적인 문제는 임금과 고용의
불평등이다. 증권과 부동산의 대부분이 극소수 부자들의 수중에 집중되
어 있다는 점도 심각한 문제다. 나아가 금융기관 및 금융서비스 제도가
부자들의 편익을 최우선으로 여긴다는 사실 역시 심각한 문제이지만,
양극화 문제의 초점은 편법 증여를 포함한 상속의 문제로 압축된다.

부자들은 천문학적인 숫자로 표현할 수밖에 없는, 막대한 재산을 자
녀들에게 물려준다. 사회경제적 불평등의 기원은 바로 그것이다.

3

현대 사회가 직면한 사회경제적 문제를 해결할 뾰족한 방법을 나는 알
지 못한다. 이 책의 목적은 인류사회의 문제를 해결할 직접적인 방안을
제시하는 것이 아니다. 상속이라고 하는 일종의 프리즘을 통해 인류역
사의 다양한 측면을 명확히 인식하는 것, 거기에 나의 저술 목적이 있다.

프리즘이란 무엇인가. 빛을 분석하고 반사하는 도구다. 삼각프리즘은 백색의 빛을 스펙트럼으로 분리한다. 백색으로 보이는 한 줄기 빛도 프리즘을 통해 굴절시켜보면, 거기에 내포된 다양한 구성요소가 여지없이 드러난다. 파장이 가장 짧은 보라색부터 가장 긴 붉은색에 이르기까지 여러 가지 색깔이 한데 모여 백색의 광선을 이룬다. 우리는 프리즘을 통해 이런 사실을 확인할 수 있다.

상속제도야말로 역사의 다양한 구성요소를 분석하는 나의 프리즘이다. 인류 역사에는 실로 다양한 상속제도가 존재했다. 우선 떠오르는 것은 장남이 부모의 유산을 모두 물려받는 관습, 즉 장자상속제(primogeniture)다. 그런데 조금 자세히 들여다보면, 아들이든 딸이든 한 명의 자녀가 모든 유산을 물려받는 방식(unimogeniture)도 존재했다. 또 막내아들이 유산을 독점적으로 상속하는 법(ultimogeniture)도 있었다.

세계 여러 나라에는 형제자매가 부모의 유산을 골고루 나눠 가지는 균분상속(equal division of inheritance)도 제법 널리 퍼져 있었다. 물론 거기에도 다양한 변형이 있었다. 어떤 지역에서는 딸들이 상속에서 완전히 배제되었다. 또 다른 지역에서는 장남에게 별도의 특별상속분이 지급되었다. 어딘가에서는 아들들이 유산을 공동으로 상속했다(joint inheritance).

한 사회가 어떤 상속제도를 선택하느냐에 따라 부의 향방이 결정되었다. 누군가는 재산을 상속받은 덕분에 부자가 되었고, 정치사회적 특권도 누렸다. 반면 상속에서 배제된 사람들은 하루아침에 신분이 추락했고, 심지어 생계를 잇기조차 곤란했다.

인간사회는 저마다 경험을 바탕으로 특정한 상속제도를 선택했다. 각각의 사회는 그들의 역사적 지혜를 동원해 가장 유리해 보이는 생존전략을 수립했다. 더구나 한 사회의 상속제도는 신앙과 종교 또는 윤리적 가치와 단단히 맞물려 있었다. 이 때문에 상속제도는 엔간한 사회적 변동쯤은 묵묵히 견뎌내는 강한 내구력을 가졌다.

그러나 좀 더 유연한 사회집단도 있었다. 그들은 사회경제적 변화에 대응하여 여러 차례 상속제도를 수정했다. 예를 들어보자. 17세기까지만 해도 한국에서는 균분상속이 지배적이었다. 이후 장자상속으로 방향이 바뀌었다. 부계혈연을 중심으로 종법宗法 질서를 구현하려는 의지가 강렬했기 때문이다. 유교 도덕을 실천하는 과정에서 우리 조상들은 장자상속의 장점이 더 많다고 확신했다. 상속제도가 장자 중심으로 변화하자 한국의 유교화는 더욱 가속되었다.

20세기 후반 한국 사회에는 민주화의 열기가 높았다. 그러자 한국인들은 장자상속제도를 폐기하고 자녀 균분상속제도로 되돌아갔다. 성별과 출생 순서에 관계없이 자녀들의 권익을 균등하게 보장하고자 했던 것이다. 이로써 종래의 가부장적 권위주의 역시 비교적 빠른 속도로 청산될 수 있었다.

4

광학자에게는 프리즘, 즉 유리로 만든 삼각뿔 모양의 투영체가 일종의 분석 도구다. 역사가인 나에게 상속제도 역시 일종의 투영체다. 나의 주된 관심은 상속제도 너머에 있다. 광학자가 프리즘을 사용해 분광分光, 곧 빛을 쪼개는 데 주력하듯, 나도 상속제도를 프리즘으로 삼아 인간사회의 다양한 사회적 · 경제적 · 문화적 측면을 조금 더 깊이 탐구하고자 한다. 이 책에서는 인류가 창안한 다양한 상속제도 자체를 분석하기보다는 상속과 직 · 간접적으로 밀접한 관계가 있는 여러 가지 사회현상을 다루는 데 더 많은 지면을 할애하고자 한다.

일일이 헤아려보면, 이 책의 주제는 열대여섯 가지나 된다. 비교사적인 방법을 통해 나는 그 주제들을 다루었다. 한국, 일본, 중국을 비롯한 동아시아 각국의 역사에 주안점을 두면서도, 서구 사회와 이슬람 사회에서는 혹시 유사한 사례나 관습이 존재했는지를 알아보았다. 하나의 관습과 제도라도 지역과 문화에 따라 거기에 내포된 문화적 의미가 어떻게 달라졌는지를 캐물었다. 힘이 닿는 대로 동남아시아, 인도 및 아메리카 대륙의 사례를 추가하기도 했다.

안타깝게도 나의 능력에는 한계가 뚜렷했다. 부족한 점은 앞으로 조금씩 채워나갈 것을 약속드린다.

이 책은 세 가지 범주로 나뉜다. 첫째, 상속의 관행을 다각도로 분석했다. 화장기 없는 상속의 민낯을 살펴보려고 한다. 독자들에게는 다소 생소하게 들릴 수도 있겠으나, 보통 사람들은 상속에 앞서 우선 자신의 노후를 보장받고자 하는 마음이 컸다. 근대 유럽의 농촌에는 '은퇴계약서'라는 것이 있어, 이런 뜻을 명문화했다. 그런 문서가 없었던 시절에도 보통의 유럽인들은 유언장을 통해 자신의 생계 보장을 최우선 과제로 설정했다. 동아시아 사회에서는 국가가 이 문제를 자연스럽게 해결해주었다. 효도를 사회윤리 규범으로 못 박음으로써 노인층의 복지를 도모했던 것이다.

돈과 권력이 넘쳐나는 사람들에게는 상속의 의미가 완전히 달랐다. 그들로서는 상속을 받느냐 못 받느냐가 일생일대의 중대한 사건이었다. 상속에서 배제된 이들은 생존을 위해 다양한 전략을 구사했다. 이것이 유럽 사회의 구성, 운영 및 변화에 큰 영향을 미쳤다. 일찍이 유럽에서 수공업이 발달하고 도시문화가 발달한 역사적 배경도 상속제도와 관련이 깊었다.

여러 나라의 기득권층은 남의 아이를 입양해서라도 가문을 유지하려 했다. 물론 그에 반대한 사회도 적지 않았다. 이슬람 세계와 중세 유럽에서는 입양이란 풍습이 아예 존재하지 않았다.

어느 경우든지 상속은 인간의 삶에 중요한 요소로 작용했다. 누구는 이로써 부자가 되었고, 다른 누군가는 삶의 낭떠러지로 내몰렸다. 그런 점에서 상속을 둘러싸고 가까운 친족들이 혈투를 벌이는 것은 오히려 당연한 귀결이었는지도 모르겠다. 재산 다툼은 인간의 역사가 계속되는 한 종식되기 어려울 것이다.

상속의 민낯을 자세히 들여다보면, 환관이란 이색적인 존재가 시야에 들어온다. 한국에서는 환관이나 승려처럼 자녀를 낳지 못한 이들도 재산과 가문을 영구히 이어나갈 방법을 마련했다. 신기한 노릇이다. 이처럼 상속에 관한 조사를 계속하노라면 평소에는 상상조차 하지 못한 흥미로운 역사적 풍경 속으로 빠져들게 된다.

둘째, 상속에는 다양한 전략이 작동했다. 상속제도를 둘러싸고 다양한 생존전략이 존재했다는 뜻이다. 살림살이가 어려웠던 서양의 소작농들은 지주 내외를 대부와 대모로 삼았다. 일종의 '의사가족제도'를 통해 그들은 사회적 안전장치를 확보하고자 했다.

조선 후기의 한국 사회는 장자상속을 제도화함으로써 가문의 위세를 대대로 지킬 방도를 마련했다. 같은 유교문화권이라도 상업이 발달한 명청明淸 시기의 중국에서는 전혀 다른 방식으로 종중재산이 운영되었다. 중국인들은 거액의 공동자금을 증권 또는 금융상품에 투자하는 것과 유사한 모습을 보이기도 했다.

서양의 중산층은 동업자 조직인 길드를 통해 가문의 번영과 활로를 모색했다. 그들은 길드를 통해 가문의 직업을 대대로 계승했고, 사회적 성장을 끝없이 도모했다.

그런데 상속재산 가운데서 주인에게 대가 없이 노동력을 제공하는 노비가 각광받던 시절도 있었다. 중세 온난기가 대표적이다. 그 시기 조선의 양반들은 노비를 이용해 연안지역을 개척했다.

각 문화권에서는 상속을 둘러싼 경쟁이 과열되는 것을 막기 위해 제도적인 장치를 고안하기도 했다. 서자를 차별하는 악습도 그런 것이었다. 자녀를 수도원이나 절에 위탁하는 풍습도 상속 문제와 관련이 깊었다. 이렇듯 인류가 고안한 여러 가지 사회적 관습과 제도는 본질적으로 집단의 생존을 유지하기 위한 전략일 때가 많았다.

끝으로, 상속과 젠더의 문제를 깊이 들여다보았다. 여성의 삶을 몇 가지 측면에서 검토한 셈이다. 오랫동안 사회적 약자로 살아야 했던 여성의 사회적 지위와 역할에 관해 좀 더 입체적으로 이해할 수 있기를 바라서였다.

그리하여 까마득한 과거 사회의 유습인 모계제의 잔영을 끄집어냈다. 또 현대인에게는 생소한 일처다부제의 관행을 소개했다. 지금도 생산성이 극도로 낮은 일부 지역에서는 이처럼 특수한 풍습이 남아 있는 것 같다. 물론 내 짐작이지만, 모계제와 일처다부제란 여권의 위력을 상징하는 것이라기보다 경제력이 미약한 사람들이 집단의 생존을 지키기 위해 선택한 사회적 통제장치일 때가 많았다.

시공간의 변화에 따라 여성의 재산권이 과연 어떻게 달라졌는지도 이 책의 중요한 관심사다. 또 같은 취지에서 결혼 지참금의 사회경제적 의미를 조사해보았다. 아울러 여성의 이혼을 읽는 인류 사회의 다양한 문화적 맥락도 살펴보았다. 사실 역사 속의 인간사회는 결혼과 이혼을 한 남성과 한 여성 사이의 결합과 해체로 인식한 적이 별로 없었다. 사람들은 부부로 산다는 것을 전략적 동반관계로 인식하는 경우가 일반적이었다. 현대인의 인식과는 큰 차이가 있었다.

5

이 한 권의 책을 쓰는 데도 여러 사람들의 도움이 필수적이었다. 특히 상속에 관한 나의 공부에 기폭제를 제공한 독일 괴팅겐의 막스플랑크 역사연구소와 위르겐 슐룸봄 교수에게 진심으로 감사드린다. 이 책을 쓰는 동안 내 마음의 길동무가 되어준 국내외의 여러 동학들께도 고개 숙여 인사하고 싶다. 또한 두서없는 나의 원고를 정성껏 다듬어 아담한 책자로 만들어준 사우출판사의 노력에 깊은 감사를 드린다.

끝으로, 사랑으로 나의 부족함을 말없이 인내하는 가족들에게 고마움을 전한다.

2018년 겨울
평택 잔다리에서 백승종

3부 상속과 젠더

1부

상속의 민낯

인류의 역사는 상속의 역사

한국 사회에서 부자로 인정받는 사람들의 74퍼센트가 '상속형'이라고 한다(『동아일보』, 2014년 2월 6일자). 부자가 되고 못 되고는 개인의 능력이나 노력이 아니라 상속에 달려 있다. 이것이 우리 사회의 실정이다.

다른 나라들도 그러할까? 궁금증이 일어난다. 서구 사회는 우리와 정반대의 경향을 보인다. 자산이 수백억 달러나 되는 세계 최고 부자들 가운데 70퍼센트가 '창업형' 부자다. 세계 각국의 경제를 주무르는 사람들은 대개 독창적인 아이디어와 근면함을 통해 막대한 재산을 모았다. 우리로서는 좀체 믿기 어려운 사실이다.

한국 사회는 상속에 의한 부의 과도한 편중을 어떻게 해결할 것인가? 몇 해 전부터 '금수저', '은수저', '흙수저'라는 말이 난무한다. 심지어 '무無수저'라는 표현까지 등장해, 부조리한 사회현실을 비꼰다. 이처럼 심각한 사회현실을 마냥 외면할 수는 없을 것이다. 우리는 이제부터라도 상속의 폐단에 관한 논의를 본격적으로 시작해야 하지 않을까.

한 사람의 역사가로서 나는, 오래전부터 세계 여러 나라의 상속관행에 대해 관심을 가져왔다. 1990년대 독일 괴팅겐시에 있는 막스플랑크 역사학연구소에서 상속에 관한 서적을 폭넓게 탐독한 기억이 새롭다.

상속의 힘

조금만 생각해보면 누구나 금세 고개를 끄덕이겠지만, 상속은 인간의 역사를 여러모로 지배했다. 개인주의가 고도로 발달한 현대 사회에서도 상속은 여전히 중요한 문제다. 서구 사회라 해도 경제적 지위가 상속에 좌우되는 경향은 완전히 사라지지 않았다. 상속은 물질에 국한되는 것도 아니다. 사회생활에 필수적인 인맥 같은 것도 얼마든지 상속될 수 있다. 우리 사회에도 그런 경향이 있지만, 일본에서는 유명 정치인들이 선거구를 자녀에게 물려주는 사례가 비일비재하다.

일찍이 프랑스의 사회학자 피에르 부르디외는 "소르본대학교의 졸업장도 아버지가 누구냐에 따라서 다른 가치를 가진다"라고 말했다. 일류 변호사의 아들에게는 출세의 디딤돌이 되는 대학졸업장이, 가난한 영세민 자녀의 수중에 들어가는 순간 빛을 잃는다는 것이다. 인간의 삶이 '사회적 자본'의 많고 적음에 따라 영향을 받는다는 주장이다. 씁쓸하지만 어김없는 사실이다.

문화 영역도 상속의 영향을 적지 않게 받는다. 선대가 구축한 문화적 환경이 대물림되는 경향이 어디서나 목격된다. 가령 판소리의 고장에서는 유독 명창이 많이 쏟아져 나온다. 조선시대로 화제를 옮기더라도, 퇴계 이황의 학풍이 강했던 경상도에서는 경전의 뜻에 밝은 생원이 많이 나왔다. 그런가 하면 시조와 가사문학의 전통이 강한 전라도에서는 문필가로서 실력이 검증된 진사의 수가 많았다고 한다.

여기서 한 발 더 나아가 이런 생각도 해볼 수 있다. 한 사회가 어떤 상속제도를 선택하느냐에 따라 그 사회의 문화적 특성이 결정된다는 추정이다. 예컨대 모든 자녀에게 재산을 똑같이 나눠주느냐, 장자에게만 몰아주느냐에 따라 그 사회의 기본 성격이 크게 달라진다는 해석이다. 거시적이고 장기적인 관점에서 볼 때 상속에서 배제된 차남 이하의 아들들은 고향을 떠나 군인이 되거나 상공업에 종사할 가능성이 높아진다. 근대 유럽 사회에서 빈번하게 목격된 사회현상이다.

상속제도와 사회 변화의 긴밀한 관계를 보여주는 또 다른 예도 있다. 고대 일본에서는 딸도 아들과 똑같이 재산을 물려받았고, 결혼한 뒤에도 딸은 여전히 친정에서 살았다. 남편은 일종의 손님이나 마찬가지였다. 자녀 양육에 대해서도 어머니의 권한이 더 컸다. 자녀의 이름도 어머니가 지을 정도였다. 그때는 인구증가율이 낮은 데다 모계제의 유습이 강하게 남아 있었다. 결과적으로 여성(딸)의 지위가 높았다.

그런 일본에서도 점차 여성의 사회적 지위에 변화가 생겼다. 사위가 처가에 장기간 머물게 되었던 것이다. 이것은 고구려의 서옥제壻屋制(서옥은 처가에 있는 사위의 주거 공간을 말한다) 및 고려의 서류부가혼壻留婦家婚(남편이 아내 집에 머무는 것)과도 흡사했다. 그때까지는 한일 양국 모두 여성의 상속권이 보장되었고, 가정뿐만 아니라 사회적으로도 여성의 지위가 다른 나라에 비해 높은 편이었다.

일본 사회의 변화는 계속되었다. 가마쿠라 막부 시대부터 사무라이의 성장이 두드러졌고, 에도시대가 되면 사무라이 가문에서 장자상속제가 완전히 뿌리내렸다. 이에 여성들은 가부장적 지배 아래 자발적으로 순종하는 현모양처의 삶에 만족해야만 했다.

큰 틀에서 보면 한국의 사정도 일본과 비슷했다. 고려시대와 조선시대의 상속제도는 남녀 평균 분배, 즉 균분이었다. 그러던 것이 17세기부터 아들 위주로 바뀌더니, 차츰 장남 중심의 상속제도로 이행했다. 왜, 그렇게 바뀌었을까? 간단히 답할 수 있는 문제가 아니다. 그 변화는 정치적 · 경제적 · 문화적 맥락에서 중층적으로 읽어야 할 것이다.

우선 주목되는 것이 인구의 변화다. 조선 후기에는 인구가 지속적으로 증가했다. 만약 그때 사람들이 균분의 관습을 고집했으면 어떻게 되었을까. 땅은 늘지 않았는데 자꾸 나누다 보면 나중에는 모두가 가난해지고 말 것이다. 조선시대 사람들은 상속제도를 변경하는 데 묵시적으로 동의했다. 맏아들만이라도 일정한 재산을 물려받게 함으로써 가문의 명예를 지키고자 했던 것이다. 사회경제적 여건 변화에 다른 상속제도의 변화, 이것은 다른 나라의 역사에서도 때때로 목격되는 현상이었다.

명백한 사실은, 상속에 관한 문제를 깊이 파고들수록 인류 역사의 흐름이 손에 잡힐 듯 가까이 다가온다는 점이다. 상속은 역사를 통찰하는 하나의 유용한 프리즘이다.

다양한 상속제도

역사상 가장 널리 퍼진 상속제도는 아마도 부계상속일 것이다. 장남의 특권적 지위를 인정하는 장자상속을 비롯해, 막내아들이 재산을 상속하는 말자상속, 여러 아들들이 고루 나눠 갖는 균분상속, 형제가 공동으로 상속하는 공동상속도 있었다. 농업사회에서는 장자상속이 널리 퍼져 있었으나, 유목사회와 일부 농업사회에서는 도리어 말자상속을 선호했다.

장자상속은 세계 곳곳에 널리 퍼진 관습이다. 영국을 비롯해 유럽의 많은 국가들이 이 제도를 선호했다. 약간의 변형도 없지 않았다. 유럽의 일부 지방에서는 장남보다 장녀를 선호하는 경향이 있었다. 도쿠가와 시대의 일본에서는 아들이든 사위든 어느 한 사람에게 모든 재산을 물려주는 관행이 있었다.

말자상속은 우리에게 낯선 제도이지만 실은 가장 합리적인 상속제도라는 평가가 있다. 이 경우 아버지는 죽을 때까지 자신의 재산권과 사회적 권위를 그대로 유지하며, 나이 차이가 가장 많은 막내아들의 보필을 받을 수 있다. 막내아들 역시 아버지의 지도 아래 가장으로서 필요한 조건을 서서히 갖출 수 있다. 말자상속은 가장 자연스럽게 세대교체를 이루는 방법이었다.

공동상속의 풍습도 우리에게는 익숙하지 않다. 이 제도는 남송시대 양자강 남쪽의 대지주들이 고안한 것이다. 만약 여러 세대 동안 아들들에게 토지를 고루 나눠주는 균분상속을 시행하면 어떻게 될까? 모든 자손이 영세농민으로 전락하거나 자칫하면 생존기반 자체를 몽땅 잃을 우려가 있었다. 송나라의 사대부들은 토지의 영세화를 저지하고, 자손들이 과거시험을 통해 관직에 진출할 재정기반을 만들었다. 그들이 '의

장義莊', 또는 '제전祭田'의 명목으로 일종의 가족재단을 만든 배경이다. 결과적으로 남송의 '대족大族'은 일정 지역의 토지를 광대하게 점유하여 향촌사회를 지배했다. 또 재능이 있는 자손들을 뽑아서 교육에 열을 올렸다.

요컨대 상속의 역사는 한낱 사회제도의 역사에 그치는 것이 아니다. 거기에는 인간사회의 숱한 애환이 담겨 있고, 생존을 지키려는 다양한 전략과 욕망이 꿈틀거린다. 상속은 끊임없이 무언가를 향해 움직이고 있는 사회적 생물이다.

상속의 민낯을 제대로 알기 위해서는 더 구체적인 서술이 필요다. 아래에서는 다섯 가지 주제를 다룰 생각이다.

우선 부모 자식 간에 상속을 둘러싸고 계약이 존재했다는 사실을 말하고 싶다. 부자간에 과연 어떤 형태의 '부양계약'이 있었는지 궁금하지 않은가.

둘째, 상속이 미치는 사회적 파장에 대한 검토다. 상속 여부에 따라 어떤 이는 부자가 되었고 다른 이는 사회적 몰락을 감수해야만 했다. 막연하게 우리가 짐작하는 것 이상으로 그 여파는 심각했다.

셋째, 기득권층은 입양을 통해 자신들의 지배력을 영구히 행사하고자 했다. 다행히도 이것은 일부 사회의 관행에 그쳤다.

넷째, 상속은 인간의 삶을 지배하다시피 했기 때문에 사회적으로 많은 부작용을 끼쳤다는 점도 강조할 필요가 있다. 많은 사람들이 형제자매 또는 가까운 친족들과 재산다툼을 벌였다.

끝으로, 한국 사회에서는 환관과 승려 등 특수계층에 속한 사람들도 상속을 통해 가문을 이었다. 세계 역사상 희귀한 일이다. 이처럼 특수한 경우도 우리는 시야에서 놓치지 말아야 할 것이다.

01

부모와 자식,
은퇴계약서를 쓰다

◇
◇
◆

아무리 부모자식 사이라도 부모 생전에 자식에게 재산을 온전히 물려주는 경우는 매우 드물었다. 다른 이유들도 있었겠으나, 혹시라도 재산을 다 넘겨주고 나면 노후를 어떻게 보낼지 걱정했기 때문이다. 드러내놓고 말을 하진 못해도, '믿었던 자식이 우리를 푸대접하면 어떡하나?' 하는 염려도 적지 않았을 것이다. 동서고금을 막론하고 연로한 부모들은 이런 생각에 사로잡힐 때가 제법 많았다고 한다.

나이 든 왕들의 걱정은 더욱 컸던 모양이다. 아들에게 왕위를 물려주었다가 도로 빼앗는 경우도 있었다. 재물과 권력을 둘러싼 인간의 고뇌는 아마 끝날 날이 없을 것이다.

최근에는 '효도계약서'의 필요성을 주장하는 어르신이 많다. 만약 자식들이 부양 약속을 제대로 지키지 않으면 명의를 넘겨주었던 재산이라도 다시 회수해야 한다는 여론이 압도적이다. 전 지구적인 추세가 그러하다.

국내의 법률가들도 효도계약서를 꼼꼼히 작성하는 편이 좋다고 연로한 부모들에게 권고한다. 자식에게 어떤 부양을 바라고 있는지를 글로 명확히 정리해, 계약서에 명기하라는 것이다. 가령 부동산을 자식에게 증여할 경우, 재산목록을 작성하고 그에 덧붙여 만약 상속자가 피상속자에 대한 부양의무를 소홀히 하면 증여한 재산을 반환하게 할 수 있다는 단서조항을 기입하라는 조언이다.

　좀 살벌한 느낌이 든다. 꼭 이렇게까지 해야 하는 것일까, 왠지 서글픈 생각이 들기도 한다. 그렇지만 법조인들의 견해는 실제 경험을 토대로 한 것이라서 함부로 무시할 일이 아니다. 지난 수백 년 동안 한국 사회에서는 효도를 자식의 당연한 의무로 알고 살았다. 그러므로 이런 이야기가 어색하고 낯설게 다가오지만 서양 사회는 우리와 무척 달랐다. 21세기의 한국인은 누구인가? 우리는 서양식으로 살고 있다.

치즈 한 덩이까지도
계약서에 기록해

오래전부터 서양인은 부모자식 간에 부양에 관한 계약서를 썼다. 정서적인 부분은 계량화가 불가능하기 때문에, 계약서에 기록하지 못했다. 그러나 부모의 식생활과 주거 및 의생활에 관해서는 달랐다. 그들은 부양의무를 자세히 기록했다. 멀리 중세 때부터 서양 사회에는 이런 전통이 끊임없이 이어졌다. 역사적으로 예외가 있다면, 20세기뿐이다. 그때는 국가가 운영하는 복지제도가 효율적으로 작동했기 때문이다.

　중세에는 글자를 모르는 문맹자가 많아서, 계약이라고 했지만 구두계약이 대부분이었다. 근대로 접어들자 사정이 바뀌었다. 차츰 학교교육이 확대되어 시민들의 문자 해독률이 높아졌다. 18~19세기에는 부양계약서를 작성하는 것이 지배적인 흐름이었다.

1909년에 작성된 유언장

피상속자(부모)의 부양에 관한 문서는 크게 두 종류로 나뉜다. 하나는 유언장이다. 도시 중산층 가정에서는 유언장을 통해, 상속자(자녀)가 피상속자(부모)를 어떻게 부양할지를 구체적으로 명시했다. 의식주는 물론이고, 만일 피상속자가 병들면 간병은 어떻게 할지, 죽으면 장례는 어떻게 치를지도 자세히 정해두었다. 서양 사회는 계약서를 통해 크고 작은 인생사를 해결하려는 경향이 있었다.

유언장에 특히 자세하게 기록된 것은 식생활에 관한 부분이었다. 예컨대 우유는 일주일에 몇 리터나 제공할지, 버터와 치즈는 얼마만큼의 분량을 잡수게 할지, 또 고기요리는 한 달에 몇 번이나 식탁에 올릴지도 미리 정해두었다.

18~19세기 독일 프랑크푸르트 지역의 유언장에도 이런 내용이 자주 등장했다. 내가 읽어본 바로는 다음과 같은 구절이 흔히 등장했다.

"너(상속자)는 나(와 내 배우자)에게 우유를 공급해야 한다. 그리고 죽을 때까지 나(우리)를 돌봐줘야 한다. 그런 다음에야 내 재산이 네게 상속될 것이다." 또 다음과 같은 문장도 유언장에 포함되었다. "내(우리)가 늙고 병들었을 때 부양한 경우라야 유산을 물려주겠다는 본래의 약속이 실행될 것이다."

바로 이런 규정 때문에 나중에 상속자가 바뀌는 경우도 있었다. 부양에 게을렀던 아들이나 조카를 대신하여, 노인을 끝까지 시중들었던 하녀 또는 이웃 사람이 유산을 상속했다는 말이다.

은퇴계약서, 늙은 농부의 생존전략

서양에는 또 한 가지 흥미로운 문서가 있었다. 은퇴계약서(the retirement contract)라고 했다. 우리나라에는 이런 서류가 아예 없는 것 같은데, 근대 유럽에서는 도처에서 발견되는 문서다. 은퇴계약서는 주로 농촌지역에서 작성되었다. 자신의 명의로 경작지를 소유한 농부뿐만 아니라 소작농민도 이런 문서를 만들었다. 이 계약서가 완성되면, 노쇠한 농부는 자신의 경작지나 소작지를 아들(또는 딸)에게 맡기고 생업 전선에서 물러났다.

은퇴계약서를 작성하는 시기와 방법은 나라마다 달랐다. 가령 폴란드에서는 농지 규모가 작을수록 은퇴 시기가 빨랐다. 높은 수준의 농업생산성을 유지하려면 하루라도 빨리 세대교체를 하는 편이 좋다고 생각했던 것 같다. 스웨덴에서는 대지주들이 압력을 행사해, 소작농이 임의로 은퇴계약서를 작성하지 못하게 했다. 대지주는 차기 소작농을 직접 선택하고자 했던 것이다.

그래도 큰 틀에서 보면, 은퇴계약서는 유럽 사회 전반에 퍼져 있던 보편적인 관습이었다. 간혹 은퇴한 농부가 상속자(아들 또는 딸)와 한 집에서 살면서 농사일을 돕기도 했다. 이것은 물론 예외적인 경우였다.

대개 은퇴한 농부는 작은 오두막을 지어 그리로 퇴거했다. 만약 그 집의 경제 사정이 여의치 않으면, 상속자의 집에 눌러 지냈다. 그는 방 하나를 따로 사용하면서, 농장에서 생산되는 우유와 감자, 고기, 달걀을 일정 분량 지급받았다. 겨울철에는 난방용 땔감도 받았다.

은퇴한 뒤라도 부부가 모두 생존해 있다면 두 사람의 식사는 스스로 준비했다. 그러다가 만일 아내가 사망하면, 남편은 상속자의 집으로 옮겨갔다. 그는 상속자의 식탁에서 함께 식사했다. 농부(와 아내)가 늙고 병들면 상속자는 당연히 모시고 살았다. 병간호도 상속자의 몫이었다.

19세기 서구에서는 도시화가 빠른 속도로 진행되었다. 그러자 은퇴

오래전부터 서양에서는 유언장에 부모 부양에 관한 내용을 자세하게 기록했다. 특히 음식에 관한 내용을 자세히 언급했다.

한 농부의 삶에도 변화가 찾아왔다. 서프로이센 지방(독일)처럼 부농이 많은 곳에서는 은퇴한 농부가 도시로 이주했다. 그들은 고향에 남겨둔 상속자로부터 매달 생활비를 받았다. 그들은 노후를 도시에서 편안하게 지냈다.

그러나 유럽의 대다수 농부는 가난했다. 그들은 은퇴한 뒤에도 상속자의 농사일을 적극적으로 거들어야만 했다. 그런가 하면 자신은 은퇴자용 오두막에 살면서도 끝끝내 은퇴계약서를 작성하지 않은 이들도 존재했다. 은퇴라는 상황 자체를 끝내 수용하고 싶지 않았던 경우다.

상속받지 못한 자녀를 위한 특약사항

알다시피 서양에서는 장자상속제도가 가장 일반적이었다. 이는 까마득한 옛날부터 그러했다. 로마시대의 유풍이었다고 한다. 상속자(장남)는 형제자매들이 부모 슬하를 떠날 때까지 기다렸다가 피상속자(부모)의 은퇴계약서를 작성했다.

많은 경우에는 피상속자가 계약서를 작성한 직후 차남 이하의 자녀들, 곧 상속에서 배제된 자녀들의 거처로 옮겨가기도 했다. 왜 그랬을까. 피상속자는 상속자가 형편이 어려운 형제자매를 외면하지 않기를 바랐다. 부모가 그들과 함께 지내는 동안만이라도 상속자(큰아들)는 동생들이 사는 곳을 자주 오가며 우의를 다지기를 바랐던 것이다. 부모는 상속받지 못하는 자녀의 삶도 염려했다.

은퇴 시기는 개인마다 달랐다. 그래도 80세 이전에 대부분의 농부들이 일을 그만두었다. 은퇴계약서에는 뜻밖의 조항이 포함되기도 했다. 피상속자의 요구에 따라 그 형제와 자매까지도 부양 대상이 되었다. 동기간에 우애가 특별히 깊었거나, 여생을 보낼 뾰족한 방법이 없는 동기간이 살아 있을 경우, 이러한 특약사항을 집어넣었다. 그밖에도 피상속자의 은퇴한 하녀까지도 노후보장을 받는 경우가 있었다. 피상속자의 의지 여하에 따라 계약 내용도 신축성 있게 달라졌다.

18~19세기 서양의 농민들은 은퇴계약서를 통해 노후를 보장받았다. 관련 기록이 가장 많은 노르웨이에서는 1875년 당시 50퍼센트의 농부들이 은퇴계약서를 작성했다. 1900년에는 그 비율이 43퍼센트로 줄어들었으나, 그때까지도 가장 유력한 노후보장 수단이었다.

만일 세대 간에 갈등이 증폭되면 어떤 결과가 나타났을까. 상속자가 경제적 위기에 빠질 것은 물론이다. 은퇴한 농부가 상속자의 농사일을 조금도 도와주지 않으면서 꼬박꼬박 부양의무를 요구할 경우, 농사 경험이 부족한 상속자로서는 두 집 살림을 감당하기가 어려웠다. 세대 갈등의 골이 깊어지면 부모도 자식도 결국은 먹고살기가 곤란했다.

상속자가 가정경제를 제대로 유지하지 못하면, 극단적인 처방이 따랐다. 부모는 다른 사람에게 자신의 상속권을 양도했다. 이때 피상속자(부모)에 대한 부양의무도 함께 넘어갔다. 이렇게 해서라도 부모는 자신의 생존권을 지키고 싶어했다. 한국 사회에서는 예나 지금이나 상상조차 할 수 없는 문제해결 방식일 것이다.

대체로 가난한 상속자의 어깨는 무거웠다. 은퇴한 부모를 부양하기가 우리의 지레짐작처럼 쉬운 일은 아니었다. 게다가 상속에서 배제된 동기간들이 상속자를 시샘해서 적대적으로 대하는 경우도 드물지 않았다.

그들과 우애를 돈독히 하기는 쉬운 일이 아니었다.

부모가 죽은 후에도 형제자매가 한 마을에 옹기종기 모여 살며 우애를 유지하는 것은 드문 일이었다. 형편이 꽤 좋은 부자라도 별로 다르지 않았다. 프랑스의 동화작가 샤를 페로의 〈장화 신은 고양이〉가 나의 뇌리에 떠오른다. 1697년에 간행된 『옛날 이야기(Histoires ou Contes du Temps Passé)』란 동화집에 실린 작품이다.

줄거리는 대강 이러했다. 어느 마을에 부유한 방앗간 주인이 있었는데, 어느덧 세상을 뜰 때가 되었다. 마침 그에게는 세 명의 아들이 있었다. 큰아들은 방앗간을 물려받았다. 둘째는 당나귀 한 마리를 차지했다. 막내아들 몫은 고양이 한 마리가 전부였다.

아버지가 세상을 뜨자 두 형은 막내동생을 마구 박대하더니 마을에서 쫓아버렸다. 갈 곳을 잃은 막내아들에게 기적이 일어난다. 고양이가 그에게 가방 하나와 장화 한 켤레를 가져다주면 모든 문제가 해결될 것이라고 말한다.

장화 신은 고양이는 그 나라의 왕을 찾아가서 일대 연기를 펼친다. 막내아들은 자신도 모르는 사이에 카라바 공작이 되었고, 고양이의 활약으로 왕의 환심을 사는 데 성공한다. 마침내 그는 공주와 결혼해 고양이와 함께 행복을 누린다는 이야기다.

물론 현실적으로는 불가능한 이야기다. 작가 페로가 이를 모를 리 없다. 단지 그는 이야기를 통해 상속에서 제외된 대중을 위로한다. 누구라도 뛰어난 재치가 있으면 물려받은 재산이 없어도 얼마든지 잘살 수 있다는 것이다. 상속에서 배제된 가난한 사람들은 페로의 이야기를 통해 통쾌한 대리만족을 경험했으리라.

연금제도가 등장하면서
은퇴계약서는 사라지고

말이 나온 김에 은퇴계약서의 소멸에 대해서도 알아보자. 19세기 말 유럽에서는 이 문서가 점차 소멸되어갔다. 산업화의 물결에서 소외된 지역에서는 낡은 관습이 오랫동안 유지되었다. 가령 스웨덴 북부의 산간 벽지에서는 1910년대까지도 은퇴계약서가 존재했다. 그러나 대부분의 지역에서는 그런 계약서가 사라졌다. 화폐경제가 자리 잡으면서 은퇴자의 노후보장은 다른 방식을 택하게 되었다.

19세기의 대표적 농업국가인 덴마크의 경우를 살펴보자. 알다시피 덴마크는 영국에 버터와 베이컨 등 낙농식품과 육가공품을 수출했다. 1891년 덴마크 의회는 노인부양에 관한 법률을 제정해 취약계층에 연금을 지급하기로 했다. 그러나 자부심이 강한 농민들은 연금 수령을 거부했다. 대신에 그들은 일종의 농지연금을 받아서 생활했다. 이것은 은퇴 시에 농지 가격을 평가해, 상속자가 그에 대한 이자를 해마다 지급하는 방식이었다. 상속자는 자신의 농장 수입을 분할하거나, 아내가 결혼 지참금으로 가져온 돈을 조금씩 나눠서 피상속자에게 지급했다.

독일에서도 1880년대부터 농민연금에 대한 논의가 활발했다. 60세 이상의 농부에게 연금을 지급하자는 주장이었다. 연금제도가 시행되면 상속자가 피상속자를 부양하기 위해 금융기관으로부터 돈을 빌릴 필요가 없어질 것이었다. 그러나 농민연금이 현실화되기는 어려웠다. 가난한 농부들은 연금저축을 납부할 형편이 되지 못했다.

결국 독일, 오스트리아 등도 덴마크와 같은 방식을 선택했다.

그로부터 한참 시간이 흘러 20세기 전반이 되면 서구 여러 나라에서 농민연금법이 시행되었다. 이제 은퇴계약서는 불필요한 것이 되었다. 도시의 중산층도 유언장에 군이 부양조건을 기록하지 않게 되었다. 연금제도가 보편화되자 천 년의 전통을 가진 부양계약서가 역사의 무대 뒤편으로 사라졌다.

그런데 20세기 후반 노령화가 급격히 진행되면서 인간사회는 또 다른 문제에 직면했다. 국가채무가 급증하여, 노령연금이 제 기능을 충분히 발휘하지 못하게 되었다. 21세기에 효도계약서가 등장하게 된 배경이다.

효도가 의무였던
동아시아에는 부양계약서가 필요 없었다

과거 동아시아 사회에는 부양계약서라고 부를 만한 것이 존재하지 않았다. 한국이나 중국, 일본에는 서양식의 유언장 또는 은퇴계약서가 아예 없었다. 왜 그랬을까? 군이 그런 문서를 만들 필요가 없었기 때문이다. 유교사회에서는 효도에 관한 사회적 합의가 이뤄져 있었다. 피상속자인 부모가 노후를 염려해 문서를 만든다는 것은 상상조차 할 수 없는 일이었다.

동아시아에서 효도란 실천해도 그만, 무시해도 그만인 허황된 도덕관념이 아니었다. 국가는 효행이 탁월한 이를 발굴하여 수시로 표창했고, 심지어 관직을 주어 조정에 등용하는 일도 적지 않았다.

특히 한국 사회에서는 '불효'에 대한 감시의 눈길이 매서웠다. 부모를

『삼강행실도』 효자편. 유교사회에서 효도는 필수적인 의무였다.

제대로 봉양하지 못한 사실이 드러나면, 온 마을 사람들이 들고 일어나서 멍석말이(공동 체벌)를 할 정도였다. 마을 사람들은 전체 회의에서 불효자를 처벌하기로 결정하고, 당사자를 붙들어다 엄하게 꾸짖은 다음 체벌을 집행했다. 이런 일은 일제강점기는 물론 1950년대까지도 마을의 일상사였다. 조선시대 각지에서 실시된 향약과 동약에서 가장 강조한 사항이 바로 부모에 대한 효도요, 어른에 대한 공손한 언행이었다.

최근까지도 집집마다 연로한 부모를 모시고 살았다. 의식주 전반에 어르신의 취향을 최우선으로 고려했다. 아무리 가난하게 살아도 부모님에게 올리는 상차림에는 각별한 신경을 썼다.

이제 한국 사회도 완전히 달라졌지만, 조선시대의 유풍은 20세기 중후반까지도 그대로 이어졌다. 효도는 한국인의 필수적인 의무였다.

아버지와 아들의
다툼

21세기의 한국 사회는 완전히 다른 사회다. 어르신 학대 사건이 적지 않다. 물려줄 재산이 없는 부모를 장성한 자녀가 함부로 대하는 경우가 많다고 한다. 오죽하면 부모의 권리를 높여 불효를 예방하자는 사회적 목소리가 나올까 싶다.

물려줄 재산이 많아도 문제는 좀체 사라지지 않는다. 국내 굴지의 어느 재벌가에서 연로한 아버지가 자신의 뜻을 어긴 아들을 법정에 고발하기도 했다. 상속할 재산 여부에 관계없이 세대 간의 갈등이 도를 넘은 것이 우리의 세태인 것 같다.

성리학(유교)이 전성기를 구가했던 조선시대에는 이런 일이 일어날 수 없었다. 그럼 유교가 아직 뿌리를 내리기 전에는 어땠을까. 고려의 왕들은 부자 갈등을 여과 없이 드러내기도 했다. 충렬왕(아버지)과 충선왕(아들)의 관계가 그러했다.

충렬왕은 원나라 세조의 딸 제국대장공주와 결혼했다. 그때는 원나라의 간섭이 심했다. 제국대장공주는 왕보다 더 큰 권력을 행사했고, 그 때문에 왕은 왕비와 심하게 대립했다. 충선왕은 제국대장공주가 낳은 왕자였다. 부왕과 모후의 갈등 속에서 자란 그는 부왕과 사이가 좋지 않았고, 이는 부왕의 측근세력이 숙청되는 등 정치적 파란을 예고했다.

1298년 충렬왕은 정치적 위기를 느껴 세자(충선왕)에게 양위하고 말았다. 24세의 젊은 충선왕은 관제를 개혁하고 세력가(권문세족)의 토지를 몰수하여 백성들에게 나누어 주는 등 혁신적인 정책을 시행했다. 그러나 역풍을 만나 즉위한 지 7개월 만에 왕위에서 쫓겨났다.

이후 고려 조정에는 부왕(충렬왕)의 추종세력과 아들(충선왕) 세력이 심한 갈등을 연출했다. 심지어 부왕 측은 충선왕과 그 왕후(몽골 공주)를 이혼시킬 음모까지 꾸몄다. 알다시피 당시 고려의 왕은 몽골 공주와 결혼했다. 우리로서는 받아들이고 싶지 않은 사실이지만, 몽골 공주는 왕권을 제약하는 상징이자 왕권의 실질적인 토대였다. 따라서 몽골 공주와의 이혼은 충선왕의 정치적 몰락을 의미하는 것이었다. 아버지의 음험한 책략에도 불구하고, 충선왕은 고비를 무사히 넘겼다.

우여곡절 끝에 충렬왕이 세상을 떠나자 충선왕이 다시 왕좌를 차지했다. 말년에 충선왕은 원나라의 수도 연경에 체류하면서 만권당이란 왕립도서관을 세워, 고려에 성리학이 수용될 계기를 마련했다.

충선왕 때부터 본격적으로 수용된 성리학(유교)은 한국 사회를 서서히 그러나 일관된 방향으로 변화시켰다. 효도가 사회적 책무로 자리 잡으면서 자식들의 부모 부양의무에 누구도 이의를 제기할 수 없게 되었다.

효도를 사회적으로 강제할 장치가 없었던 유럽에서는 다른 수단이 등장했다. 유언장과 은퇴계약서가 그것이었다. 그들은 부자간의 계약을 통해서 문제를 해결하려고 했다. 그런데 원만한 해결은 쉽지 않았고, 사회적으로 많은 잡음이 따랐다. 근대국가가 국민연금이란 제도를 도입하게 된 배경이다.

21세기 각국의 국민연금은 노령화와 양극화로 인해 위기를 맞이하고 있다. 이에 효도계약서라는 것이 새로 유행할 기미를 보인다. 예부터 상속에 늘 따라붙었던 한 가지 단서조항, 부모의 부양이란 화두가 되살아나고 있는 것이다.

02

부자는
어떻게 탄생하는가

예부터 사람들은 운이 좋으면 부자가 된다고 믿었다. 영어에도 '재산'을 뜻하는 'fortune'이라는 단어가 있다. 그 본래의 뜻이 '운수'다. 재수가 좋으면 부자가 된다는 믿음은 서양 사람들에게도 익숙한 것이다. 이는 역사적 사실과도 부합했을까.

운이 좋으면
부자가 될까

많은 사람들이 자신의 운명을 알고 싶어한다. 서양에서 점성술이 유행하고, 동양에서 사주팔자가 인기를 얻은 배경이다. 세상 어디서나 관상술과 수상술이 민간에 널리 퍼진 것도 마찬가지다. "운만 있으면 당신도 부자가 될 수 있다!" 아마 지금도 이런 말을 철석같이 믿는 사람들이 있을 것이다. 주위를 살펴보면 과연 운이 좋아서 부자가 된 사람들이 있기는 하다.

한국과 중국 사회에서 사람의 운수를 거론할 때 빠짐없이 등장하는 것이 또 하나 있었다. 풍수지리설風水地理說이다. 조상의 묘 자리를 잘 선택하면 부자도 되고 출세도 한다는 믿음이 널리 퍼져 있었다. 지금도 선거철이면 많은 정치인들이 길지에 대한 바람 때문에, 조상의 묘를 이장한다. 고려 태조 왕건도 도선대사가 점지한 길지 덕분에 왕이 되었다고 하지 않은가. 조선 후기에 벌어진 소송사건의 대다수는 바로 조상의 산소를 둘러싼 '산송山訟'이었다.

구전으로 내려온 민담을 읽어보면, 졸지에 부자가 된 행운의 주인공이 상당수 등장한다. 그들은 남달리 꾀가 많거나, 또는 바보 같지만 어딘가 비범한 사람들이다. 그 대부분은 가난해도 마음씨만큼은 착한 사람들이다. 이야기의 주인공들은 길을 가다 갑자기 황금 덩어리를 줍기도 하고, 도깨비나 귀신의 도움으로 큰 재산을 얻는다.

부자가 되고 싶었던 민중의 소망이 투영된 이야기들이다. 실제로 그런 행운을 손에 쥔 사람은 없었을 것이다. 서양의 민담에도 운이 좋아 부자가 된 사람들이 자주 등장하나, 사회현실을 반영한 것은 결코 아니다.

동서양을 막론하고, 또 다른 행운담의 주인공들은 매우 부지런하고 성실하다. 그들은 오랜 고난을 참고 견디며 각별한 노력을 기울인 끝에 부자가 된다. 조선 후기의 어느 한문 단편소설에는 평생 하루 한 끼만 먹고 일했다는 부부가 나온다. 그들은 식량을 아끼려고 날마다 죽으로 연명하며 아등바등 돈을 모았다. 일종의 '자린고비' 이야기다.

물론 비현실적인 이야기일 뿐이다. 자린고비처럼 극도로 아끼고 절약하다가는 영양실조에 걸려 일찌감치 목숨을 잃고 말 것이다. 비상한 각오로 노력한 데다가 운도 따라주어서 상당한 재산을 모은 사람들이 전혀 없었을 리는 없다. 문제는 그런 사람이 있었다 한들 과연 몇이나 되었을까 싶은 것이다.

행운의 여신은
도시에 있었다

16세기 서양에서는 대항해시대가 열렸다. 처음에는 스페인과 포르투갈의 선박들이 대서양과 인도양을 누비며, 아메리카의 은과 아시아의 향신료를 유럽으로 실어 날랐다. 17세기가 되자 네덜란드와 영국도 국제교역에 뛰어들었다. 그들은 중국의 차와 청화백자, 인도의 면직물 등을 교역 상품에 추가했다. 원거리 교역이 호황을 누리게 되자 유럽 여러 나라가 돈방석 위에 올라앉았다. 왕실과 귀족, 선주와 투자자들은 물론이요, 못 배우고 가난한 선원들 중에도 행운을 거머쥔 이가 여럿이었다.

교역의 규모가 점점 커졌고, 향신료의 집산지인 인도의 무굴제국도 경제적 혜택을 누렸다. 중국의 명나라와 청나라 역시 수출을 통해 많은 이익을 챙겼다. 특히 중국 광저우의 극소수 특허상인들(공행)은 폭리를 취했다. 그들 중에서 세계굴지의 갑부가 대대로 이어졌다는 사실은 공공연한 비밀이었다. 일본과 동남아시아 여러 지역의 상인들도 교역으로 많은 재물을 모았다.

국제교역이 수 세기 동안 이어지자 동서양 여러 나라에서는 도시가 전례 없이 활기를 띠었다. 왕실과 귀족층은 막대한 부를 축적했고, 상인과 수공업자 가운데도 행운을 잡은 사람이 많았다. 영국의 프랜시스 드레이크 경(1540년경~1596)은 젊은 시절 한낱 해적에 불과했으나, 큰 재산과 명예를 얻었고 나중에는 엘리자베스 1세로부터 기사작위를 받았다.

많은 사람들이 이러한 행운의 주인공이 되기를 꿈꾸며 정든 고향을 버리고 도시로, 바다로 떠나갔다. 18세기 한국에도 "돈이면 귀신도 움직인다"는 속담이 생길 정도로 세상은 변하고 있었다. 동서양을 막론하고, 도시는 많은 사람들에게 일자리를 제공했다. 이주민들 중에는 부자가 되거나 출세할 기회를 얻은 사람들이 꾸준히 나왔다.

그러나 과장은 금물이다. 도시로 몰려간 사람들의 대부분은 실패의 늪에 빠졌다. 그들은 도시 빈민으로 전락했다. 생계를 근근이 잇기조차 어려운 경우가 많았다. 그래도 이주민의 발길은 멈추지 않아, 도시는 팽창을 거듭했다. 1600년에서 1800년까지 200년 동안 영국의 도시 인구는 두 배 넘게 증가했다. 특히 1750년 이후에는 인구 증가율이 더욱 가팔랐다. 산업혁명이 본격화되었기 때문이다. 산업화의 중심지이던 런던의 인구는 더욱 놀라운 속도로 증가했다. 1600년 20만 명에서 1700년에는 57만 명으로, 1800년에는 다시 86만 명으로 늘어났다.

산업화의 물결에 아직 합류하지 못한 유럽의 여러 나라는 사정이 조금 달랐다. 그럼에도 그들 국가에서도 도시화 비율은 꾸준히 높아졌다.

프랜시스 드레이크 경의 초상과 작위 증서. 해적이었던 드레이크는 큰돈과 명예를 얻었고, 엘리자베스 1세로부터 기사작위를 받았다.

1800년대 런던 시내 모습

유럽 전체를 놓고 보면, 1600년에는 도시화 비율이 7.4퍼센트였으나, 100년 뒤에는 8.2퍼센트로 높아졌다. 게다가 1700년경에는 인구 10만 명을 돌파한 대도시가 10개를 넘었다. 파리, 런던, 나폴리, 리스본, 베네치아, 밀라노, 암스테르담, 로마 등이었다. 이후 서유럽의 도시화 비율은 비약적으로 늘어서 1890년에는 31퍼센트를 기록했다.

그 정도까지는 아니었지만 중국과 일본에서도 도시화 비율이 증가하는 추세였다. 특히 1700년경 일본의 도시화 비율은 이미 10퍼센트를 넘어섰다. 같은 시기 한국은 사정이 많이 달랐다. 서울(한양)을 제외하면 19세기 후반까지도 국제 수준의 대도시는 하나도 나타나지 않았다.

자수성가한 부농이
있었다?

도시의 팽창이 거듭되었으나, 19세기 말까지도 세계 인구의 대다수는 농촌에 살았다. 신석기 시대에 농업이 시작된 이래 인류의 주된 작업장은 단연코 농촌이었다. 그럼 농촌에서는 과연 누가 부자 노릇을 했을까? 농촌에서도 열심히 노력하고 운이 따라주면 쉽게 부자가 될 수 있었을까?

농촌에서도 도시와 비슷한 변화가 일어났기를 기대하면서 나는, 몇 해 동안 서양의 농업사 저작을 탐독했다. 1990년대 초반의 일이었다. 그런데 서양 농업사 전문가들의 연구 결과는 나의 기대에 어긋났다. 17~19세기 유럽의 농촌에서는 새로운 지주층이 등장하지 않았다. 대지주의 농장은 물론 중소지주의 농토 역시 대대로 지주의 후손들에게 상속되었다. 상업작물 또는 환금작물의 재배가 활발한 지역에서조차 신흥지주가 등장하는 경우는 거의 없었다.

농민들은 예나 지금이나 더 많은 토지를 소유하고 싶어한다. 그러나 농촌에서 자수성가하기란 거의 불가능한 일이다. 심지어 유럽에서는 한 집안이 소유한 토지가 다른 집안으로 넘어가는 일도 드물었다. 유럽의 농촌사회는 우리가 막연히 상상하는 것보다 훨씬 더 보수적이고 안정적이었다. 지주 가문에서 태어나 상속자로 선택되는 행운을 얻었다면 모를까, 신흥지주로 발돋움할 기회는 거의 차단되어 있었다. 17~19세기 유럽 농촌사회에서 흔히 목격되는 것은 하강 이동이었다. 상승 이동은 눈을 씻고 보아도 발견하기 어려웠다.

그런데 17세기 이후 한국의 농촌사회는 사정이 달랐다고 한다. 부지런하고 지혜로운 소작인 또는 소농이 '광작농민廣作農民'이 되어 넓은 땅을 경작했고 결국은 지주로 성장했다고 한다. 심지어 양반이 되는 경우도 많았다고 한다. 조선 후기의 '자본주의 맹아설'을 뒷받침하는 이런 연구가, 1970년대 이후 한국의 역사학계를 지배했다. 이른바 광작농민의 실체가 충분히 입증되지 못했다는 비판도 있으나, 아직도 광작농민의 전설이 정설로 통한다.

조선 후기 소작인이 지주가 됐다는 통설에 대하여

검인정 국사교과서와 한국사 수험서에는 조선 후기의 자수성가한 부농이 빠짐없이 등장한다. 요컨대 17세기 이후 농업생산성이 크게 향상되어 농민의 계급분화가 심화되었다고 한다. 그 과정에서 새로운 부자들이 출현해, 결국 신분상승에 성공했다는 주장이다.

나로서는 이러한 주장에 수긍하기 어렵다. 조선 후기에 그처럼 눈부신 사회적 · 경제적 변화가 일어났다는 주장이 거의 통설로 굳어져 있지만, 몇 가지 의문이 들기 때문이다. 첫째, 농업생산성이 높아지고 작물의 환금성이 개선되면 어느 계층에게 유리할까? 혜택은 일차적으로 지주의 몫이 될 것이 빤하지 않은가. 하필 조선 후기에는 빈농이나 소농이 그 혜택을 누렸다고 볼 역사적 근거가 과연 있기는 한가?

둘째, 17세기 이후 영국을 비롯한 서양 사회에서는 농업의 상업화가 촉진되었다. 가내수공업 또한 눈부시게 성장했다. 유럽만큼은 아니었으나, 중국과 일본의 농촌사회에서도 유사한 경제적 변화가 일어났다. 그 것은 조선 후기의 농촌에 비해 훨씬 강도 높은 것이었다. 그럼에도 불구하고 일본, 중국 및 서양에서는 농업생산성과 상업화라는 변화가 양극화를 초래했을 뿐, 새로운 지주층의 등장으로 이어지지는 않았다. 농촌의 경제적 발전은 농민의 신분상승으로 이어진 것이 아니라, 도시에 비해 농촌의 위상을 추락시키는 방향으로 전개되었다. 그런데 왜, 한국 사회에서는 전혀 다른 변화가 일어났다고 주장하는지 모르겠다.

셋째, 그런 맥락에서 나의 생각은 이러하다. 만약 조선 후기에 상당한 경제발전이 일어났다면 그 일차적 수혜자는 상공업자를 비롯한 도시의 지배세력이었을 것이다. 농촌 지역에서 주목할 만한 상업화의 경향이 있었다면, 그 혜택은 당연히 지주층에게 돌아갔을 것이다. 그나마도 도시를 지배하는 왕실, 귀족, 상인층에 비하면 이익의 몫이 적었을 것이다. 내가 보기에는 조선 후기에 신흥 지주세력이 등장해 신분상승을 이룰 가능성은 거의 없었다.

경제가 큰 폭으로 성장하는 격동의 시기에도 한 사람의 개인이 부자가 되는 데는 상속만큼 결정적인 요소는 없다. 한국 역사상 21세기처럼 경제활동의 기회와 종류가 다양한 시대는 일찍이 없었다. 요즘처럼 개인의 의지와 능력에 따라서 자수성가할 수 있는 사회적 조건이 갖추어진 적은 거의 없었다. 그렇지만 지금도 자력으로 부자가 되기란 실로 어려운 일이다.

오죽하면 요즘 초등학생들이 장래 직업을 묻는 설문조사에서 '임대업자'를 첫 손가락에 꼽겠는가? 아이들조차도 자수성가를 불가능한 일로 여기고 있다.

돌아온 탕자가 형에게
환영받지 못한 이유

인류 역사에는 상속을 둘러싼 불화가 많았다. 상속을 둘러싼 형제 갈등은 성경에도 자취를 남겼다. 『누가복음』(15:11~32)에 기록된 '탕자의 귀환'만 해도 그렇게 읽힌다. 이 이야기는 늦게라도 회개하면 누구나 용서를 받는다는 비유로 해석되는 것이 일반적이다. 그러나 그런 선입견을 떨쳐내고 이야기를 다시 돌아볼 필요가 있다.

어떤 사람에게 두 아들이 있었단다. 아우는 아버지를 졸라서 미리 재산을 분할받았는데, 그 돈을 가지고 먼 나라로 가서 방탕한 생활을 했다. 얼마 뒤 그는 모든 재산을 탕진하고 돼지치기로 전락했다. 후회막급이었다. 그는 자신의 잘못을 깊이 뉘우치고 집으로 돌아와 아버지에게 용서를 구했다. 아버지는 그런 아들을 가엾게 여겨 받아들였다. 심지어는 잔치를 베풀어 그의 귀환을 환영했다. 그러자 큰아들은 화를 냈다. 아버지의 관대한 태도로 보아 자신의 장래가 염려되었기 때문이다. 큰아들의 마음을 헤아린 아버지는 이렇게 말했다. "너는 언제나 (내) 옆에 있었기 때문에, 나의 것(재산)은 모두 너의 것이다."

두 아들의 가장 큰 관심사는 상속이었다. 탕자가 되고 만 둘째 아들은 다시 말할 필요도 없지만, 큰아들 역시 장차 아버지가 물려줄 재산에 마음을 빼앗기고 있었다. 아버지는 이런 사실을 알고 남은 재산을 모두 큰아들에게 물려주기로 다짐한다. 이에 큰아들의 불안은 사라지고 가정의 평화가 온전히 회복되었다.

『조선왕조실록』을 비롯하여 각종 전기 자료에서도 부모가 남긴 좋은 논밭과 힘센 노비를 차지하려는 형제자매 간의 갈등이 종종 목격된다. 문서에 기록될 만큼 가족 간의 갈등이 아주 심각하지는 않았다 해도, 크고 작은 반목과 대립은 일상적으로 존재했다. 지금도 그렇다는 사실은 누구나 다 아는 일이다.

18세기까지 작성된 전국 여러 집안의 상속 문서를 차근차근 읽어보아도, 형제자매들이 애써 감추려 한 갈등의 골이 감지된다. 부모가 돌아가신 뒤 20~30년이 넘도록 상속에 관한 타협점을 찾지 못한 집안도 많았다. 예의를 중시하는 양반들조차 재산을 두고 서로 눈을 흘기고 반목을 일삼았다. 상속 문제가 어떻게 결정되느냐에 따라 각자의 인생에 행운과 불운의 분수령이 나뉘었기 때문이다. 토지와 노비를 주고받는 것은 기계적으로 간단히 처리될 일이 아니었다. 단순히 양적 균형만 맞춘다고 부모의 유산이 균등하게 분배되는 것은 아니었다.

서양에는 왜
'꼬마신랑'이 없었을까

40년도 더 지난 오래전의 일이다. 한때 나는 김광언 선생님의 조수노릇을 했다. 김 선생님은 민속학자로 유명한 분이다. 그분은 당시 전국의 고가古家를 두루 연구하셨다. 선생님을 따라다니면서 나는 양반 집안의 여러 가지 풍습을 알게 되었다. 그 가운데 하나는 상속에 관한 것이었다.

묘하게도 호남지방에서는 주인 내외가 환갑을 전후하여 가문을 계승할 아들 내외에게 곳간 열쇠를 물려주었다. 그동안 전용으로 쓰던 안방과 사랑방도 아들 내외에게 넘겨준다고 했다. 요샛말로 노부부가 은퇴하여, 아들 내외가 살림하는 것을 지켜보다가 세상을 떠나는 것이었다.

그러나 영남의 풍습은 달랐다. 상속자는 이미 내정되어 있지만, 주인 내외는 마지막까지 자신의 권리를 양도하지 않는 법이라고 했다. 호남지방보다 영남지방의 노부부가 가정 내에서 큰 권력을 행사했다고 할까.

서양의 상속 풍습은 우리와 거리가 멀었다. 성경에도 나오듯, 그들에게 결혼이란 새로운 가정이 출범하는 것이었다. 조선시대에는 10대의 어린 나이에 결혼하여 부모님의 보호 아래 아이를 낳아 기르며, 차츰 성인의 권리와 의무를 배웠다. 그러나 서양 남성은 상속받을 재산이 이미 결정된 다음이라야 장가를 들었다. 자연히 만혼이 보편적 추세였다. 서양 남성은 귀족 자제라도 초혼 연령이 30세 전후였다.

여성은 친정에서 지참금을 마련해주면 곧 결혼할 수 있었다. 때문에 부유한 귀족 여성은 초경을 갓 넘긴 10대의 어린 신부도 적지 않았다. 재산을 물려받지 못하는 서양 남성과 지참금을 준비하지 못한 여성은 평생 홀로 사는 경우가 많았다.

동서양의 차이를 뛰어넘어, 전통시대에는 상속재산의 유무有無가 생존조건을 사실상 결정하다시피 했다. 물론 그때도 간혹 능력과 포부를 통해 자신의 운명을 바꾸는 비범한 인물이 있었다. 그러나 평범한 사람들은 상속의 관행을 자신에게 주어진 운명처럼 여기고 따랐다. 결혼과 육아 및 분가分家 등 그들의 일생을 지배하는 삶의 기본 틀이 상속을 통해 결정되는 것이 일반적이었다.

오늘날 우리는 '금수저'의 대물림을 비판의 도마 위에 올리곤 한다. 안타깝게도 부와 가난의 대물림은 유사 이래 끊임없이 재생산되어온 오 랜 관습이다. 지금 우리가 금수저의 불평등을 심각한 사회 문제로 인식 하는 것 자체가 실은 새로운 현상이다. 사회 정의에 대한 우리의 목마름 이 그만큼 커졌다는 증좌다. 세상이 그만큼 좋아졌다거나 나빠졌다고 함부로 단언하기는 어려울 것이다. 하지만 이 시대의 사회적 감수성이 높아진 것은 다행이 아닐까.

03

입양과 상속의
변천사

◇
◇
◆

　이 아이는 내 핏줄이 아니라며 외면하거나, 건강한 남자아이가 아니라서 또는 출신이 미천하다고 해서 숫제 거들떠보지도 않는 사람이 적지 않다. 그러나 누구의 아이든 간에 내가 한 번 부모 노릇을 해보겠다고 팔을 걷고 나서는 사람들도 있다.

　나의 경험담 한 토막을 소개한다. 1980년대 후반 독일로 유학을 떠날 때였다. 벨기에 가정으로 입양되는 6명의 유아를 데리고 가게 되었다. 실로 그것은 우연이었다. 브뤼셀 공항에는 파란 눈의 양부모들이 서너 시간이나 연착한 우리 비행기를 애타게 기다리고 있었다. 그들은 기쁨에 넘치는 얼굴로 두 눈에 눈물을 글썽이며, 아이들을 품에 안았다. 친부모가 무색할 정도의 애틋한 정이었다. 그 광경이 오랫동안 잊히지 않았다.

　피 한 방울 섞이지 않았으나, 벨기에 시민들은 그 한국 아이들을 기꺼이 자식으로 받아들였다. 그런데 정작 아이들의 조국에서는 부모 역할을 하겠다고 나서는 이가 거의 없었다.

　20세기에는 많은 수의 한국 아이들이 미국과 유럽으로 입양되었다. 그 가운데서 이름난 운동선수도 나왔고, 고위관리로 성공한 이들도 제법 많은 편이다. 우디 앨런 감독의 아내 순이도 그의 전 부인이 입양한 한국 아이였다.

입양을 몰랐던
문화도 있다

이 세상에는 입양이란 풍습과 아예 거리가 멀었던 나라들도 있다. 영국이 바로 그러했다. 유럽 대륙과 떨어진 섬나라이기 때문이었을까. 로마법의 영향이 미약했던 탓인지, 19세기 말까지도 영국인들은 입양을 하지 않았다.

이슬람 사회도 정식으로 입양을 인정하지 않기는 마찬가지였다. 코란의 영향 때문이다. 그들은 데려다 기른 아이라도, 결코 피를 나눈 친족으로 인정하지 않았다. 입양된 아이라도, 반드시 생부의 성姓을 따라야 했다. 그 아이는 자신을 데려다 기른 양부모로부터 아무것도 상속받을 수 없었다.

만약 여자아이를 데려다 기를 경우라면, 아이는 소녀가 되기 무섭게 양아버지 앞에서 얼굴을 가려야 했다. 마찬가지로 양어머니 역시 양아들에게 맨얼굴을 보여서는 안 되었다. 요컨대 양부모와 양자녀는 가족이 아니라는 이유로 내외의 법을 엄격히 지켜야 했다.

이슬람에서는 고아를 거두어 기르는 일을 선행으로 믿어 권장했다. 그러나 그것은 가계 계승과는 무관한 일이었다. 결코 그들은 상속인과 피상속인 관계가 될 수 없었다.

로마제국은 입양을 법적인 관행으로 정착시켰다. 그 시절에는 입양이

성풍을 이루었다. 유명한 유스티니아누스 법전(529)에는 입양 절차와 방법이 상세하게 기록되어 있다. 가령 입양이 결정될 시점에서, 양아버지의 나이는 60세 이상이라야 했다. 양자의 나이도 성년에 이른 경우가 많았다. 양자는 곧 양부의 가문을 계승해야 했기 때문이다. 그때는 영유아의 입양이 존재하지 않았다.

부모가 버린 아이들은 남이 거두어 길렀다. 그러나 수양자녀인 그 아이들은 장차 그 집안의 노예가 되었다. 조선시대에도 비슷한 법이 있었다. 로마의 노예 가운데는 수양자녀가 차지하는 비중이 꽤 높았다고 한다. 법률적으로는 다소 복잡한 문제가 생길 수도 있었던 것 같다. 법적으로 보면, 그 아이들은 일차적으로 생부의 재산으로 취급되었다. 여기서 짐작할 수 있듯, 수양자녀를 두는 것은 로마법이 정한 입양과는 완전히 격이 다른 풍습이었다.

입양은 로마 귀족층의 정치적·경제적 고려에서 비롯된 것이었다. 그들은 입양을 통해 특정 가문과의 정치적 연대를 강화했다. 더러는 최고 권력자인 황제 자리까지도 입양을 통해 결정되었다.

카이사르의 권력은
양자, 양손자, 양증손자에게로

기원전 44년 2월 율리우스 카이사르는 로마의 종신독재관이 되었다. 사실상 왕이 된 셈이었다. 이로써 그는 오랫동안 공화국 체제를 유지해온 로마의 전통을 위협했다. 공화파의 반발이 적지 않았다. 그들은 카이사르를 증오했다. 종신독재관이 된 지 한 달 후 그는 결국 암살당했다. 공화정을 지키려는 일부 귀족들의 반발이 그만큼 거셌던 것이다. 그러나 그것도 부질없는 일이었다.

카이사르의 유언장이 공개되자, 막대한 그의 재산은 열여덟 살의 양자에게 돌아갔다. 옥타비아누스라는 무명의 젊은이였다. 옥타비아누스는 어릴 적에 생부를 잃었다. 사회적 관습에 따라 그의 어머니 아티아는 재혼했다. 그녀로 말하면 카이사르의 조카였다. 정확히 말해 여동생 율리아의 딸이었다. 옥타비아누스는 카이사르의 손자뻘이었다. 그럼에도 그들은 양아버지와 양자 사이가 되었다.

카이사르는 양자 옥타비아누스가 군사적으로는 무능하다고 판단했다. 그래서 아그리파라는 명장과 함께 파르티아를 원정하게 했다. 카이사르가 암살당했을 때 양자는 원정 중이었다. 옥타비아누스는 비보를 듣고 서둘러 로마로 돌아왔다. 그의 정치적 수완은 참으로 대단했다.

야심가 안토니우스를 물리치고 카이사르의 권력과 부를 온전히 상속했다. 당시 원로원의 귀족들은 안토니우스의 막강한 군사력을 두려워했다. 반면에 옥타비아누스에게는 자신을 결코 위험한 사람으로 보이지 않게 만드는 재주가 있었다. 때문에 귀족들은 야

옥타비아누스 조각

심이 없어 보이는 옥타비아누스를 후원했다.

결국 그는 부호들로부터 막대한 후원금을 끌어모았다. 그 돈으로 카이사르를 기념하는 성대한 스포츠 대회를 열었다. 그러자 민심이 그에게로 쏠렸다. 인기몰이에 성공한 옥타비아누스는 무난히 집정관에 뽑혔다. 이후 경쟁자들을 잇달아 물리치는 데 성공했다.

그는 공화정을 수호하겠다는 확고한 의지를 밝혀 원로원을 안심시켰다. 심지어 로마의 최고 귀족들은 그에게 '아우구스투스', 즉 존엄자라는 칭호를 바칠 정도였다(기원전 27).

그러나 약속은 지켜지지 않았다. 그는 원로원을 무력화했다. 로마의 모든 권력은 옥타비아누스의 손끝에서 나왔다.

옥타비아누스는 병약했으나, 76세까지 권좌를 유지했다. 그 시대의 눈으로 보면 무척 장수한 편이었다. 그에게는 친아들이 없었다. 대신에 그의 배우자 리비아와 전 남편 사이에 태어난 아들이 있었다. 옥타비아누스가 리비아를 처음 만났을 때 그녀는 세 살짜리 아들(티베리우스)이 딸린 유부녀였다. 옥타비아누스는 리비아의 미모에 반해 어떻게 해서든 그녀를 차지하려고 했다. 마침내 그녀의 남편을 압박해, 리비아와 티베리우스 모자를 빼앗았다.

나중에 옥타비아누스는 우여곡절 끝에 티베리우스를 양자로 삼았다. 당시 티베리우스에게는 친아들 소小드루수스가 있었다. 그러나 티베리우스는 친아들을 제치고 조카 게르마니쿠스를 양아들로 삼았다. 게르마니쿠스는 옥타비아누스의 누나인 옥타비아의 외손자였다. 요컨대 티베리우스는 옥타비아누스의 종손從孫을 입양했던 것이다. 덕분에 다른 경쟁자를 따돌리고, 옥타비아누스의 후계자로 선정되었다. 참으로 복잡한

족보였다.

기원전 13년 티베리우스는 로마군 총사령관이자 종신 호민관에 임명되었다. 양아버지 옥타비아누스와 함께 사실상 로마의 공동황제가 되었다. 그 뒤 양아버지가 노환으로 정무를 볼 수 없게 되자 홀로 대권을 거머쥐었다.

집권에 성공한 티베리우스는 변경에 방어망을 구축하기도 했다. 또 재정위기를 극복하기 위해 초호화판 전차경주를 중단시키고 검투사 경기도 금지했다. 덕분에 로마는 재정의 건전성을 회복했다. 하지만 선심성 지출을 억제한 까닭에 황제는 인기를 잃었다.

요컨대 카이사르의 모든 것은 양자 옥타비아누스에게 상속되었고, 이것이 다시 옥타비아누스의 양자 티베리우스에게로 이어졌다. 티베리우스의 모든 것은 다시 옥타비아누스 집안의 자손에게로 고스란히 되돌아갈 것이었다.

눈부신 활약을 한
양자 출신의 로마 황제들

이밖에도 로마 황제 가운데는 양자가 여럿 있었다. 악명 높은 네로 황제도 양자였다. 그는 클라우디우스 황제의 의붓아들이자 양자였다. 또 티베리우스 2세와 유스티니아누스 1세도 양자였다.

유스티니아누스 1세는 법전으로 후세에 이름을 남긴 성공한 황제였다. 그는 본디 유스티누스 1세의 조카였으나 그의 양자가 되었다. 유스티누스 1세는 이른바 군인황제였다. 패기가 넘치는 것까지는 좋았으나

하기아소피아 대성당. 유스티니아누스 황제에 의해 재건된 동방정교회 대성당. 비잔틴 건축 예술의 대표로 불린다.

유스티니아누스 황제 초상. 양자 출신 황제들 가운데 돋보이는 활약을 한 인물로 꼽힌다.

학식이 부족했다. 나라를 다스릴 만한 지혜가 부족했던 황제 곁에는 다행히도 지혜로운 조카 유스티니아누스가 있었다. 527년 4월에 삼촌은 조카를 양자로 삼아 공동황제로 만들었다. 넉 달 뒤 유스티누스 황제는 세상을 떠났다. 이제 조카 유스티니아누스가 명실상부한 최고 권력자로 등극했다.

그의 치세에는 허다한 업적이 쌓였다. 하기아소피아 대성당이 재건된 것도 그때였다. 또 황제는 트리보니아누스를 기용해 로마법을 집대성했다(529). 이른바 『유스티니아누스 법전』이다. 그의 치세에 확립된 법전을 후세는 『로마법대전Corpus Juris Civilis』이라 부른다.

그 분량도 방대했다. 기왕의 법학 서적 2000여 권을 엄밀히 검토하여 중복되거나 법리상 문제가 있는 조항을 모두 삭제했다. 유스티니아누스의 명에 따라 당대 최고의 법학자들이 엄선된 법조항을 50권으로 엮어 『학설휘찬學說彙纂, Digesta』을 만들었다. 또 초학자들의 법률 공부를 위해『법학제요法學提要, Institutiones』를 편찬했다. 이와 별도로 그동안 공포된 로마의 칙령 가운데서 여전히 유효한 내용만을 골라『칙법휘찬勅法彙纂, Codex』을 정했다. 그에 더하여 534년부터 공포된 158개의 새로운 칙령을 모아『신칙법新勅法, Novellae』이라 명명했다. 이 법전은 유스티니아누스 시대의 번영을 상징했다. 역사적으로 보면 근대 유럽의 법률적 토대가 되었다 해도 과언이 아니다.

　로마법 체계를 온전히 복원한 유스티니아누스 황제는 서방에 있던 로마의 영토도 상당 부분 회복했다. 그는 기독교의 발전에도 기여해 이른바 동방정교회의 발전에 큰 족적을 남겼다는 평가를 받는다. 여러 명의 양자 출신 황제들 가운데서 단연 돋보이는 존재가 그였다.

나폴레옹 법전이 정한
까다로운 입양 조건

게르만족과 슬라브족 등 중세 유럽의 여러 민족들은 로마의 입양제도에 반감을 가지고 있었다. 그들은 혈통의 순수성을 중요하게 여겼다. 중세가 되자 로마의 입양제도는 자취를 감추었다. 귀족 가문이든 왕실이든 뒤를 이을 자녀가 없으면 역사의 무대에서 사라졌다.

　가령 영국의 관습법Common Law만 해도 입양제도의 필요성을 인정하지 않았다. 영국 사회의 풍습과는 거리가 멀었기 때문이다. 프랑스와 독일 등 유럽 제국에서도 사정은 비슷했다.

　입양제도가 다시 등장한 것은 19세기였다.『나폴레옹 법전』(1804)은 제한된 범위에서나마 입양을 제도화했다. 로마법을 복구한 셈이다. 이후 다른 유럽 국가들도 하나둘씩 프랑스의 선례를 따랐다.

『나폴레옹 법전』이 정한 입양 조건은 상당히 까다로웠다. 우선 입양 당시 양자는 이미 성년이 되어 있어야 한다. 입양 시점에 양아버지는 고령(50세 이상)으로서 생식 능력을 상실했다는 것을 의학적으로 증명해야 했다. 양아버지와 양자는 나이 차이가 열다섯 살 이상이라야 상속자의 자격을 갖춘 것으로 보았다.

또 양자는 양아버지의 목숨을 구한 생명의 은인이거나, 아니면 그와 반대로 미성년 시절에 훗날 양부모가 될 사람들에게 장기간(6년 이상) 생계를 의존한 적이 있어야만 했다. 요컨대 양부모와 양자는 어느 한쪽이 다른 쪽의 생명을 구한 특별한 관계라야 했다.

역사가들의 연구에 따르면, 이처럼 까다로운 입양 조건이 온전히 충족되지 못한 경우도 적지 않았다.

교회 문 앞에
버려진 아이들

근대 유럽 사회에는 유기아와 고아의 문제가 심각했다. 많은 사람들이 갓난아이를 교회 문 앞에 버렸다. 가난 때문이기도 했고, 부모의 불륜을 비롯해 원하지 않는 임신이 그만큼 많았기 때문이다.

성직자들은 할 수 없이 이 아이들을 맡아서 길렀다. 더러는 아이를 원하는 가정을 찾아보기도 했다. 시일이 갈수록 관련 규정이 차츰 정비되었다. 일단 대세는 버려진 아이들을 평생 동안 수도원에 머물게 하는 것이었다. 그들은 수도원의 일꾼으로 각종 임무를 담당했다. 나중에는 교회의 구휼제도가 발전하여 고아원이 설립되었고, 유기아를 돌볼 병원도 세워졌다. 근대 사회는 종교로부터 나날이 멀어졌으나, 종교기관은 오히려 사회 문제를 발 벗고 해결하는 모습을 보였다.

산업이 발달함에 따라 유기아 가운데서도 상당수 남자아이들은 견습공을 거쳐 기술직 노동자가 되었다. 여자아이들은 성년이 되면 교회 및 관련 기관의 주선으로 가정을 꾸렸다. 비공식적으로 유기아동을 입양하는 기관이나 단체도 늘었다. 값싼 노동력을 제공받을 수 있었기 때문이다. 이것이 17~18세기 유럽의 사정이었다.

19세기가 되자 유기아의 입양이 제도적으로 자리 잡았다. 미국 사회가 새로운 변화를 주도했다. 미국인은 유기아와 고아를 정식으로 입양했다. 성년이 된 입양아는 양부모의 유산을 합법적으로 상속했다. 물론 그들에게는 연로한 양부모를 부양할 의무가 있었다. 중세에 사라진 로마시대의 입양제도가 19세기 미국에서 부활한 셈이다. 그러나 입양 동기는 로마 때와는 근본적으로 달라졌다. 로마시대에는 기득권층이 가문의 영광을 지속하기 위해 입양에 매달렸던 반면, 근대 미국인들은 주로 인도적인 차원에서 입양을 결정했다. 미국인들은 친자식이 여럿 있더라도 사회적 약자를 돕기 위해 입양을 추진했다. 미국의 이러한 입양제도는 차츰 유럽으로도 전파되었다.

조선, 가문을 잇고자 입양에 가장 열심이었던 사회

조선 후기에는 입양제도가 발달했다. 정조도, 철종도, 고종도 입양을 통해 왕위에 올랐다. 양반 가문에서는 입양이 비일비재했다. 중앙관청인 육조의 하나인 예조는 입양에 관한 사무로 분주했다.

입양은 신분이나 지역, 계층을 초월했다. 신분고하를 막론하고 모두들 가계의 단절을 막기 위해 애를 썼다. 성리학 이념이 사회 전반에 깊이 파고든 결과로, 예조에는 입양 신청이 쇄도했다. 예조는 연도순으로 심의결과를 정리하여 『계후등록繼後謄錄』이란 책자를 만들었다. 그 일부가 아직도 남아 있는데, 방대한 분량이다.

입양을 둘러싸고 친족 간의 갈등도 적지 않았다. 입양을 했다가 취소하는 소동도 자주 벌어졌다. 또 생전에 당사자가 어렵게 조정의 허락을 받아 서자를 적자로 바꾸어(承嫡) 자신의 후계를 마련했으나, 그의 사후에 친족들이 반발해 입양이 거론되기도 했다. 지면 관계상 그런 사정을 일일이 소개할 수 없다. 다만 1669년(현종 10), 윤선도 가문에서 일어난 한 가지 사건을 약술하려 한다.

실록에 따르면, 국왕 현종도 이 사건에 관심을 가졌던 것 같다. 당시 남인의 존경을 한 몸에 받던 윤선도의 형수 원씨가 자신의 곤란한 처지를 글로 호소했던 것인데, 고령의 원씨는 멀리 해남에서 서울까지 올라왔다.

사헌부가 임금에게 보고한 내용을 간추려보자. 생전에 윤선언(원씨

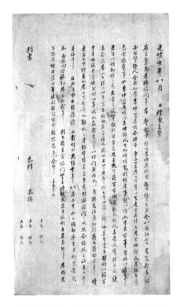

양자를 들이는 문제로 예조에서 입안한 글

의 남편)은 친조카 윤의미(윤선도의 차남)를 양자로 정했다. 그런데 윤의미는 명이 짧아 일찍 죽고, 두 아들을 남겼다. 그중 큰아들도 일찍 죽었다. 차남 윤이후(당년 18세)가 유일한 혈손이다.

그런데 집안에 복잡한 문제가 생겼다. 윤예미(윤선도의 3남)도 대가 끊길 판이라, 윤이후를 자신의 양자로 삼으려 했다.

원씨는 이 문제를 시동생 윤선도와 상의했다. 그들은 윤이후를 윤예미의 양자로 줄 수 없다는 입장을 확인했다. 그러나 1668년 겨울 윤예미가 문제를 일으켰다. 그는 과거시험을 치러 서울에 올라온 김에 현종에게 거짓 내용으로 호소하여 윤이후를 양자로 삼았다.

원씨는 억울함을 참지 못해, 사헌부에 사건의 전말을 알리고 잘못된 입양을 시정해달라고 청원했다. 보고를 받은 현종은 사실관계를 확인하여 윤이후를 윤선언의 사손嗣孫(대를 이을 손자)으로 확정했다.

조선 사회에서는 가문의 대를 잇는 것이 사회적 책무였다. 노령에도 불구하고 조카(윤예미)의 잘못을 고발하기 위해 서울까지 올라간 원씨의 심정이며, 아버지(윤선도)의 명을 어기고 세상을 속여서라도 자신의 대를 이으려 했던 아들(윤예미)의 간절함이 느껴진다.

요컨대 입양 풍습에 가장 결정적인 것은 문화였다. 한 사회를 지배하는 이념이었다. 가문의 계승이 꼭 필요한 것은 아니라는 생각이 널리 공유된 곳에서는, 입양이 제도로 정착하지 못했다. 그러나 가문의 영속성이 신성한 의무로 여겨지던 문화권에서는 정반대였다.

04

국경을 바꾼
상속전쟁

◇
◇
◆

『흥부전』에서 임종을 앞둔 아버지는 두 형제에게 재산을 똑같이 나눠 가지라고 했다. 그러나 형 놀부가 유언을 어기고 그 많은 재산을 혼자서 독차지했다. 착한 흥부의 고난은 상속 문제로부터 비롯되었다. 그런데 강남의 제비 왕이 개입했다. 왕은 '보은'의 박씨를 보내주어 흥부를 벼락부자로 만들었다. 인간세상에서는 실로 찾아보기 어려운 역전극이다.

상속재산을 둘러싼 싸움은 끝이 없었다. 가까운 혈족 간에 목숨을 건 싸움이 벌어지는 것을 막기 어려웠다. 멀쩡하던 나라가 두 동강 세 동강이 났고, 여러 나라가 편을 갈라 전쟁을 벌였다. 때로는 아랫사람들이 상속다툼을 이용해 권력을 키우기도 했다. 이런 사실을 기록한 문서는 차고 넘친다.

일찍이 맹자가 양나라 혜왕의 물음에 대답했다. "어찌 꼭 이익에 대해서 말씀하십니까?(何必曰利)" 그러나 어쩌겠는가? 동서고금을 막론하고, 인간은 이익을 추구하는 것이 상정常情이다. 제아무리 도덕과 윤리를 강조하는 사회라도 사정은 크게 다르지 않았다.

프랑스, 독일, 이탈리아를 탄생시킨
형제의 난

8세기 서유럽에는 게르만족이 세운 최초의 통일국가가 출현했다. 프랑크왕국이었다. 통일의 위업을 이룬 이는 샤를마뉴(카를) 대제였다. 그가 죽자(814) 넷째 아들이었던 루이 1세(경건왕)가 제국을 물려받았다.

새 황제는 아버지 샤를마뉴와는 달리 성격이 유약하고 무능했다. 황제로서 카리스마가 전혀 없었다. 그러자 그의 세 아들은 서로 제국을 차지하려고 혈투를 벌였다. 루이 1세는 그들의 노골적인 반목과 대립을 통제하지 못했다. 그러기는커녕 아들들의 분열과 반목을 도리어 부채질한 셈이 되었다. 이러한 상황을 목격한 많은 전사와 귀족들은 루이 1세에게 등을 돌렸다.

제국의 분열이 가시화되자 이민족의 침략도 잦았다. 불가르족과 슬라브족이 제국의 동쪽을 침략해왔다. 노르만족은 북부와 서부를 공격해 노략질을 일삼았다. 샤를마뉴가 세운 제국은 서서히 와해되기 시작했다.

오랜 혼란의 시간이 흘렀다. 샤를마뉴의 손자들은 전쟁에 지친 나머지 분쟁의 종지부를 찍었다(843). 베르됭조약이었다.

그에 따라 루이 1세의 큰아들 로테르 1세는 부왕이 사용하던 황제의 칭호를 계속해서 쓸 수 있게 되었다. 그는 이탈리아(북부) 및 로렌(로트링겐) 지역을 차지했다. 차남 루이 2세는 라인강의 동쪽, 곧 동프랑크왕국(독일 지방)을 다스리게 되었다. 막내아들 샤를 2세는 서프랑크왕국의 통치권을 인정받았다.

스페인 전쟁, 상속을 둘러싼
대규모 국제전

동서양의 역사에는 허다한 왕위계승 전쟁이 있었다. 그중에서도 스페인 왕위계승전은 가장 복잡다단하다. 이 전쟁은 1701년에 시작되어 1714년까지 10년 넘게 지속되었다. 전쟁에 끼어든 국가도 여럿이었다. 프랑스, 스페인, 영국, 오스트리아, 네덜란드 5개국이 뒤엉켜 혼전을 벌였다. 왕위와 영토의 상속을 둘러싼 대규모 국제전이었다.

1700년 스페인 왕 카를로스 2세가 후사를 남기지 못한 채 사망했다. 그의 유언장에는 프랑스 왕 루이 14세의 손자 필리프를 후계자로 지명한다고 되어 있었다. 이에 프랑스의 왕손이 펠리페 5세가 되었다. 그런데 이것이 스페인 왕위계승전의 발단이었다.

당시는 해상무역의 승패가 유럽 각국의 운명을 좌우하던 시기였다. 각 나라는 저마다 신대륙에서 유리한 고지를 차지하기 위해 고심했다. 펠리페 5세의 갑작스러운 등장은 해상강국 스페인과 프랑스의 견고한 동맹관계를 의미했다. 그들과 경쟁관계에 있던 영국과 네덜란드에게는 달갑지 않은 일이었다. 이런 국제관계를 고려한 듯 오스트리아는 스페인의 왕위계승권이 자국에 있다며 분쟁을 일으켰다.

카를로스 2세에게는 본래 2명의 공주가 있었다. 한 명은 프랑스의 루이 14세와 결혼했고, 다른 한 명은 오스트리아(신성로마제국)의 레오폴트 1세와 결혼했다. 이 때문에 프랑스와 오스트리아는 저마다 자국의 계승권을 주장하게 되었다. 그런데 스페인의 왕위가 루이 14세의 손자에게 돌아가자 레오폴트 1세는 분통을 터뜨렸다. 그는 자신의 왕자 카를로스

스페인 왕위계승 전쟁은 13년간 지속되어 60만 명 이상의 사망자를 내고서야 끝이 났다. 그림은 장 알로 작품.

대공이 스페인 왕위를 물려받아야 한다고 주장했다.

따지고 보면, 이미 죽은 카를로스 2세 역시 오스트리아 합스부르크 왕가의 외손이었다. 그의 모후 마리아나는 오스트리아의 왕녀로서, 아들 카를로스가 왕위에 오른 뒤에도 여러 해 동안 섭정이 되어 대권을 장악했다. 아들이 죽은 후에도 그녀는 스페인 왕실에서 상당한 정치력을 행사했다.

이에 오스트리아는 영국 및 네덜란드와 동맹을 맺어, 프랑스 및 스페인을 상대로 전쟁을 일으켰다. 나중에는 포르투갈도 이 동맹에 가담했다. 전쟁터는 유럽 대륙을 넘어 아메리카 식민지와 인도까지 확장되었다. 전쟁이 수년 동안 이어지자 전세가 오스트리아를 비롯한 동맹군 쪽으로 기울었다.

1713년 위트레흐트조약이 체결되며 전쟁은 막을 내렸다. 프랑스의 요구에 따라 펠리페 5세는 스페인 왕위를 유지할 수 있게 되었다. 그러나 프랑스는 막대한 재정적 손해를 입었고, 아메리카 대륙에서 확보한 식민지를 빼앗겼다.

이 전쟁의 가장 큰 승자는 영국이었다. 영국은 아메리카에 있던 프랑스의 식민지를 몽땅 차지했다. 또 스페인의 식민지들과도 교역권을 보장받았다. 영국은 아프리카 흑인노예의 교역권asientoright을 차지해, 향후 30년 동안 라틴아메리카로 노예를 수출할 권리를 획득했다. 바야흐로 영국의 시대가 동트고 있었다.

포르투갈도 상당한 전리품을 챙겼다. 그들은 브라질에 대한 식민지 지배권을 확고히 했으며, 국경선을 확정했다.

네덜란드는 이 전쟁을 통해 얻은 것이 거의 없었다. 이 나라는 17세기에는 유럽 최고의 해상강국이었으나, 스페인 왕위계승 전쟁을 치르는 동안 위상이 추락할 대로 추락했다. 네덜란드는 겨우 어퍼 헬러 지방 일부를 영토로 얻는 데 그쳤다. 막대한 전쟁비용을 쏟아부은 것에 견주면 손해가 막심했다. 그에 비하면 오스트리아는 그래도 나은 편이었다. 벨기에의 통치권을 얻었으니, 이득을 본 셈이었다.

이 전쟁이 시작될 때만 해도 프랑스와 오스트리아가 유럽의 패권을 차지하기 위해 벌인 싸움 같았다. 그런데 전쟁의 결과는 모두의 예상을 빗나갔다. 패권을 거머쥔 것은 영국이었다. 프랑스, 스페인, 네덜란드가 빚더미에 빠져 허우적대는 동안, 영국은 지구상 어디에서건 마음 놓고 자국의 영향력을 확대할 수 있게 되었다.

아자이 스케마사,
주군의 상속분쟁을 이용해 출세한 사무라이

16세기 일본은 전국戰國시대였다. 그때 교토 북쪽 비와 호수 주변에 아자이 스케마사淺井亮政라는 사무라이가 살았다. 스케마사는 주군의 상속분쟁을 교묘히 이용해서 성공했다. 그는 오다니에 성을 쌓고(小谷城) 성주가 되었다. 그의 정치적 야심은 갈수록 커져 나중에는 오미近江의 실력자로 부상했다.

스케마사는 원래 오미 북부의 실력자인 교고쿠京極 가문을 섬기는 영주였다. 그런데 교고쿠 가문에 후계자 문제가 발생했다. 1523년 교고쿠 가문의 당주(우두머리)인 교고쿠 다카키요는 자신의 숙로宿老(고관) 고사카 노부미쓰와 상의하여 차남 다카요시를 후계자로 정했다.

그러나 장남 다카노부(후에 다카히로로 개명)가 승복하지 않았다. 여러 명의 영주들이 장남 편에 섰다. 아사미 사다노리를 비롯하여 아자이 스케마사, 미타무라, 이마이 등이 다카노부를 지지했다. 그들은 상속분쟁을 일으켜 승리를 거두었다. 이에 아사미 가문이 실권을 쥐었다.

그러자 스케마사는 방향을 선회했다. 그는 차남을 지지했던 고사카 노부미쓰와 화해하고 아사미 가문을 공격했다. 1525년경 스케마사는 자신의 세력 근거지인 오다니성에 주군이었던 다카키요와 그의 장남 다카노부를 모셨다. 그들 부자는 사실상 스케마사의 정치적 도구가 되었다.

1534년 스케마사는 다카키요 부자를 비롯하여 오미의 여러 영주들을 불러모아 자신이 제정한 법령(知行安堵狀)을 승인하게 했다. 이어서

1538년에는 스케마사가 사실상 지배했던 오미 북부 지방에 채권 무효를 뜻하는 덕정령德政令을 실시했다. 그는 입으로는 교고쿠 가문을 섬겼지만, 드넓은 오미 북부의 실질적인 통치자였다.

얼마 후 다카키요가 죽고 그의 장남 다카노부가 가문을 계승했다. 그는 스케마사를 제거하기 위해 군사를 일으켰다(1541). 그러자 교고쿠 가문과 혈족관계에 있던 롯카쿠六角 가문이 다카노부를 도왔다. 롯카쿠 가문은 이미 수년 전부터 스케마사를 견제하고 있었다.

궁지에 몰린 스케마사는 에치젠越前의 아사쿠라朝倉 가문에 지원을 요청했다. 아사쿠라 가문 역시 스케마사와 비슷한 처지였다. 본래는 슈고守護(쇼군이 파견한 지방관)를 섬기는 가신이었으나, 지방관을 대신하는 실질적인 지배자로 성장한 것이었다. 아사쿠라 가문은 자신들과 사회적 지위가 동일한 스케마사를 도와주었다. 이후 스케마사의 아자이 가문은 아사쿠라 가문과 긴밀한 동맹관계를 이어나갔다.

스케마사는 정치적 수완이 탁월했다. 그는 새로 일어난 사찰세력, 곧 혼간지本願寺와도 친선을 유지했다. 1540년 아사쿠라 가문이 가가加賀의 혼간지와 충돌하자, 양측을 화해시키기도 했다. 아사쿠라와 롯카쿠 등 많은 영주들은 사찰세력인 혼간지와 대립했다. 그러나 스케마사는 친화력을 발휘해 별다른 마찰 없이 세력을 키워나갔다.

스케마사의 가문은 날로 번창했다. 1567년 그의 손자 나가마사는 전국戰國시대의 영웅 오다 노부나가織田信長의 누이 오이치를 아내로 맞을 정도가 되었다. 전국적으로 이름난 다이묘大名로 성장한 셈이었다.

그러나 성장을 거듭하던 아자이 가문의 역사도 종지부를 찍을 날이 다가왔다. 1570년 노부나가가 아사쿠라 가문을 공격하자 나가마사는

아자이 나가마사의 초상

처남 노부나가에게 저항했다. 3년 뒤 도요토미 히데요시가 오다니성으로 쳐들어와 나가마사를 베었다.

그럼에도 나가마사의 외손들은 살아남았다. 그의 딸은 도쿠가와 이에야스德川家康의 며느리가 되었다. 정확히 말해 2대 쇼군이 된 도쿠가와 히데타다德川秀忠의 아내였다. 나가마사의 외손자는 도쿠가와 가문의 3대 쇼군인 도쿠가와 이에미쓰德川家光였다. 주군 가문의 상속분쟁을 출세의 기회로 삼은 스케마사, 그의 핏줄은 도쿠가와 가문의 이름으로 19세기 후반까지 일본을 지배했다.

성리학 사회 조선에서 벌어진
상속분쟁

성리학이 지배하던 조선 사회에서도 상속을 둘러싼 친족 간의 불화가 끊이지 않았다. 1490년(성종 21) 전직 장악원정 임중은 성종에게 올린 상소문에서 이렇게 주장했다.

"토지와 노비를 두고 소송을 벌이는 사람들은 대개 형제이거나 삼촌 조카 사이입니다. 누가 잘못되었고 누가 옳은지를 저들 스스로도 잘 압니다. 그러나 약한 이를 업신여기며, 세력을 믿고 옳고 그름을 바꾸려고 서로 소송하기를 멈추지 않는 것입니다. 그리하여 골육骨肉을 해칩니다. 천륜을 더럽히고 어지럽게 만드는 것이 이보다 심할 수가 없습니다.

이제부터는 재판 과정에서 이치에 어긋난 사실이 드러나고 간사한 흉계가 폭로된 사람은 온 식구를 변경으로 추방함이 옳습니다. 그러면 소송도 줄어들고 풍속도 도타워질 것입니다. 이것도 하나의 계책이 될 만합니다. 엎드려 바라옵건대 전하께서 염두에 두옵소서."(『성종실록』, 성종 21년 1월 24일)

성종이 임중의 제안을 따랐는지는 분명하지 않다. 실록에 보면, 성종은 이 상소문을 병조에 내려주며, 실행할 만한지를 검토해보라고 했다. 한 가지 명백한 사실은 그 시절에도 가까운 친족들이 선대의 재물을 놓고 다툼을 벌이기 일쑤였다는 점이다.

세종의 조카사위가 벌인
유산 싸움

태평성세로 알려진 세종 때도 대제학이란 높은 벼슬을 지낸 이행의 아들과 손자들이 재산 싸움을 벌여 세상을 시끄럽게 했다. 1438년(세종 20) 8~11월의 『세종실록』에는 사건의 전말이 자세히 기록되어 있다. 왕명에 따라 의금부에서 수사한 사건의 개요는 대략 아래와 같았다.

이 사건의 중심에는 이행의 둘째 아들 이적李迹과 그의 큰조카 이자李孜가 있었다. 그들이 서로 이행의 재산을 차지하려고 아귀다툼을 벌였던 것이다.

사건의 발단은 아버지 이행과 둘째 아들의 불화에 있었다. 아버지가 편지를 보내 둘째 아들을 심하게 꾸짖었다. 그러자 둘째 아들도 편지로 항변했는데, 언사가 몹시 불손했다. 아버지는 화를 내며 둘째 아들의 불효를 꾸짖고 차후 토지든 집이든 노비든 아무것도 주지 않겠다고 선언했다. 이행은 이 사실을 큰손자(이자)와 서자(몽가蒙哥)에게도 편지를 보내서 알렸다. 그런데 훗날 아버지와 둘째 아들의 관계가 다시 좋아졌다고 한다.

아버지가 사망하자 큰손자는 과거에 조부가 써준 유서遺書를 근거로, 노비와 전택을 몽땅 차지하려고 했다. 이에 둘째 아들이 불복했다. 그는 생전에 아버지(이행)가 친필로 써준 문서를 꺼내놓으며, 큰조카(자)를 비롯해 여러 자녀들이 재산을 골고루 나누어야 한다고 주장했다. 그의 말대로 아버지의 재산은 일단 분할 상속되었다.

큰조카(이자)는 이를 억울하게 생각했다. 그는 작은아버지(이적)가 제시한 문서가 조작된 것이라는 의심을 떨칠 수 없었다. 결국 그는 사헌부에 소송을 제기했다. 할아버지가 자신에게 준 글을 인용하며, 작은아버지가 불효한 사실을 들추어냈다. 반면 둘째 아들은 큰조카가 제사를 성실히 지내지 않은 사실과, 신주를 불태운 점을 언급하며 맞섰다.

사헌부에서는 그들이 친족 간에 서로 화목하지 못한 점, 조상의 신주를 불태운 죄를 다스려야 한다고 주장했다. 문제의 심각성이 드러나자 세종은 의금부에 명을 내려 이 사건을 철저히 조사하라고 했다.

의금부에서 집중적으로 수사를 벌인 끝에 진상이 밝혀졌다. 둘째 아들은 자신의 아버지에게 못할 말을 많이 한 것이 사실이었다. 사형에 해당하는 범죄행위였다. 게다가 그는 자손이 고루 재산을 나누라는 아버지의 유서를 조작한 사실이 드러났다.

반면에 큰손자(이자)는 서자(몽가)와 상의하여 할아버지(이행)가 그들에게 준 문서의 작성 시기를 변조했다. 작은아버지가 제시한 할아버지의 유서를 무력화하기 위한 것이었다. 두 사람의 죄는 태형 80대에 해당했다.

세종은 어떤 처분을 내렸을까? 왕은 그들의 죄를 조금씩 감했다. 이행의 큰손자와 서자는 경미한 처벌을 받았고, 둘째 아들(이적)은 함길도 경원부로 귀양 가게 되었다.

이적이 귀양길을 떠날 때 큰조카(이자)가 찾아가서 심하게 비난했다. 그는 작은아버지를 압박하여, 그의 수중에 남아 있던 약간의 재산도 내놓을 것을 강요했다. 그러면서 "숙부의 생명을 보전한 것이 누구의 힘입니까. 어찌 나의 덕이 아니오"라며 모욕했다.

큰조카(이자)는 양녕대군의 사위였으니, 세종의 조카사위였다. 이씨

일가는 왕실의 인척이었다. 조선에서 가장 지체 높은 이들조차 이런 판국이었다.

이와 유사한 사건이 15세기와 16세기 조선 사회에 비일비재했다. 17세기 이후에는 역사 기록에서 비슷한 사례를 찾아보기 어렵다. 그렇다해서 상속을 둘러싼 갈등과 분란이 사라졌다고 볼 수 있을까? 성리학 사회의 위선에 가려졌을 뿐이라고 생각한다. 이 글의 서두에서 언급한 『흥부전』이 시사하는 점이다.

소설 속 흥부는 욕심꾸러기 형을 관헌에 고발하지 않았다. 그것이 흥부의 높은 도덕성이었다. 조선 후기에는 흥부와 비슷한 처지의 사람들이 적지 않았을 것이다. 그들은 억울한 흥부가 결국 하늘의 보상을 받았다는 사실에 한 가닥 위안을 느끼며, 남몰래 상실감을 달래지 않았을까.

05

환관의
다양한 얼굴

◇
◇
◆

구한말까지도 환관이라 불리는 사람들이 있었다. 거세된 사람들이다. 자식을 낳을 수 없었던 그들도 상속에 관한 고민을 했을까? 그들도 가문의 전통을 잇고, 재산을 물려줄 방법을 고안했을까?

환관의 역사는
깊다

고대에는 동서양을 막론하고 환관이란 존재가 각 나라의 왕실에서 비슷한 역할을 담당했다. 기록으로 보면, 이미 기원전 21세기 수메르에도 환관이 존재했다. 멀쩡한 남성을 거세해 왕궁에 두고 여러 가지 잡무를 시켰다고 했다. 환관에 관한 최초의 기록인 셈이다.

세계 여러 나라에서 환관은 '통치자의 귀' 노릇을 했다. 그들은 왕의 침실을 깨끗이 청소하고, 왕의 이발과 목욕을 보살폈다. 대체로 궁중의 하찮은 일을 도맡았다. 그들의 임무는 비록 하찮은 것이었으나, 환관은 권력자의 최측근이었다. 때문에 왕의 신임이 두터워, 환관이 대단한 위세를 떨치는 경우도 많았다.

환관 출신인 나르세스 장군. 비잔티움 제국의 황제 유스티니아누스 1세 때 2명의 명장 중 한 명이다.

채륜. 중국 후한 때 환관으로 종이를 발명했다. 나무 껍질, 삼베 조각, 헝겊, 낡은 그물 따위를 이용하여 종이를 만들었는데, 당시에는 이 종이를 '채후지(蔡厚紙)'라고 했다.

사마천. 중국 전한(前漢)시대의 역사가로 『사기』를 저술했다. 동양 최고의 역사가 중 한 명으로 꼽힌다.

환관은 출신이 미천했다. 이미 어린 나이에 거세된 경우도 많았다. 결과적으로 그들은 친자녀를 낳지 못했기 때문에 사가私家의 미래에는 별로 마음을 쓰지 않았다. 국가에서는 바로 그 점을 노리고, 환관이란 제도를 오랫동안 운영했다. 환관은 일종의 소모품이었다. 왕의 마음에 들면 가까이에 두고 별의별 일을 다 시켰다. 그러다가도 왕의 뜻에 조금이라도 어긋나면 가차없이 버렸다. 환관의 목숨은 왕의 뜻에 달려 있었다.

세계의 역사를 살펴보면, 충성스럽고 유능한 환관도 많았다. 그들 중에는 이름난 재상과 학자도 적지 않았다. 기원전 4세기 페르시아의 아케메네스제국에는 바고아스라는 환관이 있었다. 그 이름 자체가 환관을 의미했다고 하는데, 바고아스는 아르타크세르크세스 3세의 신임을 얻어 재상을 역임했다. 그러나 나중에는 왕과 사이가 나빠져 왕을 살해하는 지경에 이르렀다. 결국 새로운 왕 다리우스 3세가 바고아스를 처단했다.

환관의 정치 개입은 로마제국 후기에도 엄연한 사실이었다. 비잔티움제국(동로마) 때도 환관들이 왕궁의 사무뿐만 아니라 국가의 행정 전반을 장악하다시피 했다. 6세기 유스티니아누스 황제 시절에는 환관 출신인 나르세스 장군이 74세의 고령에도 불구하고, 대외원정군의 사령관이 되어 여러 전투에서 큰 공을 세웠다.

중국에는 이름난 환관이 더욱 많았다. 1세기에 중국에서 사상 최초로 종이가 발명되었다. 기록에 따르면, 종이를 발명한 사람은 한나라의 환관 채륜이다. 그는 궁중의 공방 책임자인 상방령이었다. 채륜은 손재주가 뛰어나 여러 가지 도구를 발명했는데, 나무껍질을 비롯해 삼베와 낡은 천 등을 이용해 종이를 만들었다(105). 이것이 바로 '채후지'였다.

송나라의 환관 가헌은 수학자로서 이름을 떨쳤다. 『황제구장산경상해黃帝九章算經細草』와 『석쇄산서釋鎖算書』라는 저작을 남긴 것으로 알려져 있다.

중국 고대의 역사서 『사기』를 완성한 사마천도 환관이었다. 알다시피 그는 한무제의 미움을 사서 궁형宮刑을 당하고는 환관이 되었다. 사마천은 극심한 모욕과 수치를 감내하고 마침내 불후의 업적을 남겨, 후세로부터 끝없는 존경을 받고 있다.

명나라 환관은
부패한 권력의 상징

당연한 일이지만 환관은 자기 혈육을 남기지 못했다. 수십 수백 명의 존비속으로 둘러싸인 사대부에 비하면, 환관은 단출하기 이를 데 없었다. 때문에 중국의 황제들은 사대부보다 환관을 더 신뢰했다. 베트남의 역사에도 비슷한 경향이 목격된다. 중국과 베트남에서는 환관과 사대부들의 반목과 갈등이 심했다. 유능하고 충성스러운 환관이 많았으나, 사대부에 의해 그들의 역할이 왜곡되곤 했다. 엄밀히 말해 환관 중에는 황제의 이익을 위해 심혈을 쏟는 사람이 훨씬 많았다. 그와 달리 사대부는 자신들의 계급적 이해관계에 철저했다. 양자의 충돌은 피할 수 없는 일이었다.

베트남에서는 환관을 선발할 때, 선천적으로 성기에 이상이 있는 10세 전후의 아이들을 심사했다. 그러나 중국에서는 사마천처럼 거세형을 받은 사람 중에서 환관을 선발했다. 특히 진나라와 한나라 때 이런 풍조가 지배적이었다. 수나라와 당나라 때는 중국 남쪽 지방의 소수민족 가운데서 환관을 골랐다. 거란족의 요나라는 중국인(한족)과 주위의 여러 민족들 중에서 환관을 뽑았다. 원나라는 세계제국이었던 만큼 환관의 선발 범위도 가히 세계적이었다. 서양 사람, 인도 사람, 한족, 고려 사람이 모두 환관으로 활동했다. 그 전통은 명나라에 이어졌다. 명나라 궁궐에도 몽골 출신을 비롯해, 조선(1435년까지), 베트남, 캄보디아, 중앙아시아, 태국 및 오키나와 출신의 환관이 뒤섞여 있었다.

명나라 말기에 환관의 수는 7만 명이었다. 그들은 방방곡곡에 배치되어 다양한 업무를 관장했다. 대궐 안에는 일부 환관들이 남았다. 환관의 수가 가장 많았을 때는 무려 10만 명을 헤아렸다.

명나라의 환관들은 국가권력을 쥐고 흔들었다. 당시의 소설에도 자주 등장했는데, 흉악한 존재로 묘사되기 일쑤였다. 환관은 백성을 쥐어짜 세금을 멋대로 갈취하고 인육을 먹는가 하면, 변태적 성행위를 일삼는 사악한 존재라고 했다. 이것은 터무니없이 부풀려진 내용이었으나, 일정한 역사적 함의를 내포했다. 환관은 부패권력의 상징이었다.

환관의 횡포에 대한 역사적 반성이 크게 일어났다. 청 왕조는 환관의 수를 계속 줄였다. 말기에는 환관의 수가 2000명에 지나지 않았으나, 그들의 권력은 아직도 대단했다. 많은 평민들이 단순히 먹고살기 위해, 거세의 고통을 무릅쓰고 환관을 자원했으니 말이다.

한반도에서는 고려 때부터 환관을 제도화한 것으로 보인다. 환관은 결혼도 했고 가정을 이룰 수 있었다. 명나라와는 다른 점이다. 거세를 하더라도 고환만 잘라내는 경우가 많아, 결혼한 뒤에도 성생활이 가능했다고 한다.

여기서 환관宦官 또는 내시內侍라는 역사적 용어를 잠깐 설명할 필요가 있을 것 같다. 환관이란 두말할 나위 없이 거세된 관리를 뜻한다. 그런데 내시는 말 그대로 대궐 안(內)에서 왕을 모시는(侍) 신하다. 고려시대만 해도 환관이 아니지만 내시 역할을 담당하는 관리들이 많았다. 그와 달리 조선시대에는 환관을 으레 내시라고 불렀다. 이밖에도 궁중에서 근무한다는 뜻에서 중관中官이라 부르기도 했다. 환관을 뜻하는 명칭은 실로 다양해서 시인寺人, 엄인奄人, 정신淨身, 내수內竪, 환시宦寺, 환자宦者, 황문黃門 등이 있었다.

『경국대전』에 따르면, 대궐 안에는 140명쯤의 내시가 다양한 임무에 종사했다고 한다. 그러나 이것은 정확한 숫자가 아니다. 실학자 이익의 기술에 따르면, 조선 후기 조정에는 환관이 335명, 궁녀가 684명이며, 이들이 받는 녹을 합치면 쌀 1만 1430석이라고 했다(『성호사설』제24권,「환관궁녀」). 환관에게는 정치적 권한이 없었다. 그러나 왕을 측근에서 보좌했던 만큼 유교경전에 관한 시험을 매달 치렀다고 한다.

최근의 연구에 따르면, 내시의 수명은 대략 70세 정도였다고 한다. 평민보다 10여 년이나 긴 것이다. 그런데 무조건 믿고 따르기에는 어려움이 있다. 젊은 시절 질병으로 희생된 환관도 적지 않았을 터인 데다, 궁중의 폭력에 노출되어 절명한 사람도 적지 않았을 것이다.

참고로 한국의 환관은 체격도 좋고 목소리도 남자다웠으며 언행에도 위엄이 있었다고 한다. 그들은 궐내의 건물을 보수하는 등 육체노동도 너끈히 감당할 정도였다.

환관 위충현,
국정농단의 주인공

중국 명나라의 환관은 위세가 대단했다. 그중에서 가장 악명이 높았던 이가 위충현魏忠賢이다. 허베이성 창저우 출신의 평민으로 본명은 위사였다. 22세 때 도박으로 패가망신하게 되자, 처자를 버린 채 스스로 거세해 환관이 되었다. 이름도 이진충李進忠으로 바꾸었다.

이진충은 대궐의 화장실 청소를 맡았다. 얼마 뒤 뇌물을 쓰고 고역에서 벗어난 그는 어린 왕자 주유교朱由校의 시종이 되었다. 왕자라고 했으나 주유교의 처지는 최악이었다. 끼니를 잇기도 어려웠다. 이진충은 그런 주유교를 극진히 섬겼다. 운이 좋았던지 주유교의 아버지 주상락은 동림당의 후원으로 태자가 되었고, 주유교는 황세손으로 책봉되었다. 주유교는 이진충의 충성에 감격하여 그에게 본래의 성을 되찾아주었다. 이름도 '현명한 충신'이라는 뜻에서 '위충현'으로 고쳤다.

얼마 뒤 주상락이 황제가 되었으나 수개월 만에 병사했다. 뒤를 이어 15세의 주유교가 황제가 되었다. 천계제天啓帝였다. 위충현은 새 황제의 최측근으로서 황제의 유모였던 객씨와 결탁하여 권력을 농단하게 되었다.

어린 천계제는 위충현을 환관의 우두머리인 병필태감으로 삼았다. 얼마 뒤 황제는 비밀정보기관 동창東廠의 지휘권까지 위충현에게 맡겼다. 영락제가 설치한 동창은 황제의 직속기관으로 최고의 권력기관이었다. 대신들의 동정을 감시하여 만약 문제가 발견되면 황제 직속의 금의위를 움직여 가차없이 숙청을 단행했다. 이 기관도 결국 위충현의 지휘를 받았다.

그런 위충현에게도 강력한 정적이 있었다. 동림당東林黨이었다. 동림당은 성리철학을 이념적 무기로 삼았는데, 주로 강남 사대부들의 정치적 이익을 추구했다. 동림당은 위충현에 대한 탄핵을 서둘렀다. 무려 스물네 가지 죄목을 들어, 황제에게 위충현의 처단을 요구했다.

위기에 처한 위충현은 황제의 유모 객씨의 도움으로 재기했다. 이제 동림당과의 싸움이 본격화되었다. 그는 자신을 궁지로 몰았던 양련 등을 체포하여 모진 고문을 가한 끝에 죽였다. 위충현은 동림당을 하나씩 적발해 숙청했고, 그들의 구심점인 동림서원도 폐쇄했다.

위충현의 권세는 갈수록 커져 황제를 능가할 정도가 되었다. 절강순무 반여정은 위충현의 생사당을 세웠다(1626). 기고만장한 위충현은 자신을 요임금과 순임금에 비유했다. 바깥 행차를 할 때마다 그는 환관 3000명을 호위병으로 삼아 '구천세九千歲'를 외치게 했다. '만세'는 황제를 위해 남겨두었다.

조정대신들도 위충현에게 머리를 조아렸다. 특히 대신 고병겸은 아부가 심했다. 그는 위충현을 아버지라 부르며, 자기 아들을 손자로 삼아달라고 청했다. 또 대학사 위굉징은 위충현의 조카로 행세했다. 위충현은 병약한 천세세 이후의 권력구도까지 좌우할 듯 했다.

그러나 모든 일에는 끝이 있는 법이다. 1627년 천계제가 세상을 뜨자, 황위는 그의 동생(숭정제)에게 돌아갔다. 동림당과 기맥이 통하던 숭정제는 위충현을 축출할 셈이었다. 황제는 우선 객씨부터 조용히 은퇴시켰다. 이어서 위충현의 심복들을 제거했다. 그러고는 위충현을 향해 숙청의 칼을 뽑았다. 남경으로 가서 황릉을 돌보라고 하더니, 금의위를 급파

하여 그를 체포하라고 했다. 종말을 예감한 위충현은 자결했다. 숭정제는 위충현의 시신을 능지처참했다.

중국 역사는 위충현을 일컬어 권력을 농단한 간신 중의 간신이라 일컫는다. 그는 과연 간신이었을까. 천계제는 위충현을 무어라고 판단했을까. 혹시 자신을 보필하기에 진력한 충신이라고 하지나 않을까. 한 사람의 충역忠逆을 재단하기란 쉽지 않다.

위충현에게는 최정수라는 심복이 있었다. 그는 수뢰죄로 파면을 당할 위기에 처했다. 그러자 위충현에게 달려가 충성을 맹세하며 살려달라고 간청했다. 이후 최정수는 동림당을 탄압하는 데 앞장섰다. 위충현은 그를 양아들로 삼았다. 양부와 양자는 동림당의 숙청에 혈안이 되었으나, 결국 숭정제로부터 역풍을 맞았다.

위충현이 고향에 두고 온 처자식은 어떻게 되었을까. 그들은 고난의 시절을 넘지 못하고 죽은 것 같다. 이후 위충현에게는 '의사疑似 가족관계'가 형성되었다. 언급했듯이, 문관 최정수와 대신 고병겸은 위충현의 양아들이요, 대학사 위굉징은 양조카가 되었다. 이들 양아들과 양조카는 위충현의 권세에 기대어 부귀와 권세를 마음껏 누렸다. 하지만 천계제가 죽고 위충현이 몰락하자, 상황은 하루아침에 달라졌다. 그들 또한 수렁에 빠지고 말았다.

환관의 권력은 믿을 것이 못 됐다. 평소 권력자는 환관을 최측근에 두었으나, 언제든 마음대로 내칠 수 있었다.

연산군에 간언해 죽임을 당한
충직한 환관 김처선

조선의 사정은 어땠을까. 결론부터 말하자면 환관의 권세가 별로 없었다. 그들의 영향력이 조금이라도 강화될 기미가 보이면, 사대부들이 앞다투어 견제했다. 사대부들은 한나라와 당나라의 선례를 열거하며 임금을 압박했다.

사대부들은 환관에 관한 일이라면 나쁜 쪽으로 과장하는 경향이 뚜렷했다. 17~18세기의 실학자 이익은 예외적이었다. 그는 환관 중에도 충신이 적지 않다며, 연산군 때의 환관 김처선金處善을 기렸다.

이긍익의 『연려실기술』(제6권)에는 김처선의 행적이 상세히 기술되어 있다. 연산군이 실정을 거듭하자 김처선은 직언을 아끼지 않았다. 연산군은 그를 미워했다. 그러던 어느 날 연산군이 처용놀이를 했는데, 매우 음란했다. 김처선은 집을 나서기 전 식구들에게 말했다. "오늘 나는 반드시 죽을 것이다." 앞에서도 잠깐 언급했듯, 조선의 내시는 가정을 꾸릴 수 있었다. 당연히 그들은 집에서 출퇴근했다. 다른 나라의 환관과는 근본적으로 다른 점이었다.

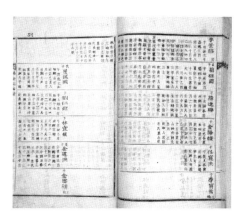

양세계보, 성이 다른 자손이 대를 잇고 있다

그는 대궐에 들어가서 연산군에게 간언했다. "저는 네 분의 임금을 섬겼습니다. 경서와 역사책을 대강 압니다마는 전하처럼 행동하는 임금은 고금에 없었습니다." 성난 연산군은 그에게 화살을 쏘았다. 그를 죽인 다음에도 분이 풀리지 않았던지 누구도 '처處'자가 들어가는 단어를 입에 올리지 못하게 했다.

그때 권벌權橃이란 선비가 과거시험에 합격했는데, 알고 보니 답안지에 '처處' 자를 썼다. 이 때문에 그의 합격이 취소되는 어처구니없는 소동이 벌어졌다.

조선의 환관에게는
족보가 있었다

조선의 환관은 대가 끊어지면 제례祭禮를 모시지 못할까 봐 걱정이었다. 그들은 일찌감치 어린아이를 입양하여 환관으로 키워 대를 이었다. 양부와 양자의 성이 다른 경우가 많았다. 가령 명종 때의 상약(약을 담당하는 환관) 노익겸의 양부는 환관 박한종이었다(『명종실록』, 명종 14년 9월 25일자). 부자간의 성은 다르더라도 정은 두터웠다.

행여 아비(환관)가 죄를 짓고 귀양을 가면, 양아들(환관)은 아비를 위해 상소를 올렸다(『중종실록』, 중종 18년 9월 5일자 기사 참조). 아버지를 모욕하는 조정 관리가 있으면, 아들은 신변의 위험을 무릅쓰고서 격렬히 항의했다. 1663년(현종 4)에는 차마 웃지 못할 해프닝이 벌어졌다. 이상익이라는 조정 관리가 어린 환관들 앞에서 환관 최대립을 비판했다. 이를 목격한 환관 양달원이 거세게 항의했다. 조정은 양달원의 무례를 문제 삼았다. 그런데 그는 최대립의 양자였기 때문에, 아버지를 비방하는 이상익의 언동을 좌시하기 어려웠던 것이다(『현종실록』, 현종 4년 7월 11일).

따지고 보면 환관 최대립에게 큰 죄가 있었던 것도 아니다. 내시부에 소속된 노비에 관한 공무로 환관들이 경상감사 이상진에게 공문을 보냈다. 그러나 이상진의 협조가 미미했다. 최대립은 환관을 대표하여 이상진을 약간 비판했을 뿐이다(『현종실록』, 현종 4년 6월 15일).

정조 때 환관 이윤목은 환관들의 통합족보인 『양세계보養世系譜』를 편찬했다. 그의 7세손 환관 문건호 등이 100년 뒤에 이를 개정했다. 이 족보에는 15세기 전반부터 20세기 초반까지 생존한 환관 650명이 수록되었다. 거기에는 양자녀의 출생지와 본적도 기록했다.

환관들이 집안의 화합과 번영을 위해 족보까지 만들었다는 사실은 특기할 만한 일이다. 중국과 베트남에서는 환관 가문 자체가 아예 존재하지 않았다. 그러나 한국에서는 환관도 족보를 중시했다. 그들도 조상의 제사와 자손들의 친목을 사회적 의무로 여겼다. 한국은 가장 성리학적인 나라였다.

환관의 재산 상속은 어땠을까. 일찍이 1437년(세종 19)에 그 문제에 관해 조정은 입장을 정리했다. 환관이 생전에 직접 사들인 노비는 양자에게 물려줄 수 있다고 했다. 할아버지를 비롯해 일가친척에게서 받은 노비는 친가의 조카와 종손 등에게 나눠주라고 했다. 그 밖의 재산도 마찬가지였다.

조선은 환관도 족보를 가진 나라였다. 양자를 들여 제사를 지내고 재산도 물려주는, 지구에서 유일한 나라였다. 조선에서는 심지어 승려도 사제 간에 가문과 재산을 주고받았다. 가문의 계승이 이처럼 중시된 나라는 세상 어디에도 없었다.

2부

상속의 전략

상속은 한 개인의 운명을 넘어 한 가문의 '생존전략'이었다. 거기에는 2 개의 극점이 존재했다. 장자든 말자든 어느 한 자식에게 재산을 몰아줌으로써 가문의 지위를 영속적으로 유지하려는 전략이 있었다. 다른 한편으로, 균분상속 또는 공동상속을 통해 자손 모두에게 생존의 기회를 공평하게 제공하려는 의지도 적지 않았다. 각 사회는 저마다의 형편에 따라 2개의 극점을 오가는 선택을 했던 것이다.

엄밀히 말해 상속에서 완전히 배제된 자녀는 거의 없었다. 장자 또는 말자가 단독으로 상속받는 경우에도 그들은 가계를 경영하면서 오랜 기간에 걸쳐 동기간의 생계를 도와야 하는 도덕적 의무를 걸머지기 마련이었다. 일종의 '빚 갚기' 또는 '보상금' 지급인 셈이었다.

제도적으로 상속에서 소외된 자녀들도 일종의 보상금을 받았다. 여성들은 결혼지참금 형태로 사실상 상속에 참여했다. "딸이 도둑이다. 시집가며 기둥뿌리를 뽑아갔다!"는 말이 나온 것도 얼마든지 이해할 수 있는 일이다. 조선시대에는 가난한 신부들이 막대한 혼수(지참금의 일종)를 제때 마련하지 못하여, 결혼식을 치르고도 몇 해씩이나 친정에 머물렀다. 혼수든 지참금이든 그 역시 일종의 상속으로 이해하는 것이 옳다고 나는 생각한다.

상속을 일종의 생존전략으로 인식하자, 나의 뇌리에는 저절로 여섯 가지 주제가 떠올랐다. 첫째는 물려줄 재산이 거의 없었던 서양 소작농민들의 생존전략이었다. 그들은 가급적 여러 명의 지주를 대부와 대모로 삼았다. 경작지를 확보하기 위한 필사적인 노력이었다.

둘째, 지배층의 생존전략도 나의 관심을 끌었다. 조선의 종가宗家를 포함해 각국의 상류층은 그들 나름의 다양한 생존전략을 수립했다.

셋째, 재산이라면 우리는 토지와 가옥을 비롯한 부동산을 먼저 떠올리는 경향이 있다. 역사를 살펴보면 사정은 좀 달랐다. 중세 온난기에는 세계 여러 지역에서 인력이 가장 중요한 자원이었다. 그리하여 노예/노비를 가장 중요한 재산으로 간주하기도 했다. 오늘날의 입장에서 보면 실로 어처구니없는 일이지만 엄연한 사실이었다.

넷째, 상속을 둘러싼 가족 간의 경쟁이 치열해지자 서자를 차별하는 풍습이 생겼다. 나라마다 정도의 차이가 없지는 않았다. 그러나 그것은 어느 정도 보편적인 경향이었다.

다섯째, 상속에서 배제된 자녀는 승려/성직자의 길을 걷기도 했다. 빈민들은 어린아이를 수도원/사찰에 유기하는 풍습도 있었다. 한때 종교기관에 맡겨졌던 아이가 가문의 필요에 따라 환속하는 경우도 드물지 않았다.

여섯째, 아들에게 아버지의 전문직업을 물려주기 위해 길드가 조직되었다. 물론 길드의 목적이 거기에 국한된 것은 아니었다. 특히 전근대 유럽에서는 수공업자들이 길드를 이용해 정치사회적 출세를 도모했다. 그 시절 길드는 성공의 사다리 역할을 톡톡히 했다.

06

서양의 소작농,
지주를 '대부모'로 삼다

◇
◇
◆

세상에는 부모로부터 물려받을 재산이 전혀 없는 사람이 많다. '상속'이란 말 자체가 그들에게는 서러움을 불러일으킬 법하다.

옛사람들은 이런 문제를 어떻게 해결했을까? 19세기까지도 서양의 지주와 소작농들은 기독교의 '대부모代父母' 제도를 이용해, 문제를 해결하려는 경우가 적지 않았다. 이렇다 할 국교가 없었던 우리 사회와는 달랐다.

상속 문제를 해결할 완벽한 방법은 어디에도 존재하지 않는다. 시공간이 달라지면 문제의식도 바뀌고, 해결방식도 달라진다. 하지만 어떤 사회든지 자신의 문화에 어울리는 해법을 발견하기 마련이다.

대부와 대자는
의사가족 관계

〈대부〉라는 할리우드 영화가 있다. 총 세 편이 제작되어(1972~1990) 선풍적인 인기를 끈 영화로, 대도시를 무대로 활동하는 범죄조직 마피아에 관한 이야기다. 이탈리아 남부 시칠리아 지방 출신들로 구성된 악명 높은 범죄조직인 마피아는 돈과 권력을 차지하기 위해 '피의 복수극'을 반복한다.

각 파의 두목과 부하들은 '대자'와 '대부'의 관계로 얽힌 끈끈한 관계다. 부하는 두목에게 절대 충성을 맹세하고, 부하들은 두목으로부터 생존을 보장받는다. 서양 중세의 봉건제도를 떠올리게 하는 '의사가족' 관계다.

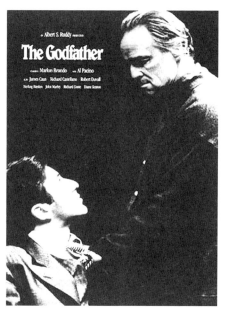

이탈리아 마피아를 다룬 영화 〈대부〉. 각 파의 두목과 부하들은 '대자'와 '대부'로 얽힌 의사가족 관계다.

대부모의 관계는 정말 그처럼 대단한 것인가? 이 제도의 근간은 기독교다. 고대 로마시대부터 기독교의 세례식에는 아이 곁에 부모와 나란히 대부모라는 존재가 등장했다. 남자아이에게는 대부, 여자아이에게는 대모가 세례식에 참여한다. 본래 대부모는 대자 또는 대녀의 영적 보호와 신앙 강화에 책임이 있다. 대자와 대녀는 대부모를 믿고 따라야 할 의무가 있다. 이로써 그들 사이에는 일종의 부모자식 관계가 성립한다.

가톨릭교회는 아직도 대부모 제도를 중시한다. 가톨릭이 국교인 여러 나라들, 특히 남유럽과 남아메리카 각국에 이 제도의 기능이 뚜렷하다.

루터는 왜 대부모 제도를
비판했나

대부모 제도는 변화를 거듭했다. 많은 사람들은 이 제도를 통해 사회경제적 이익을 추구해왔다. 특히 대지주들은 많은 수의 대자녀를 거느리며 그들에게 충성을 강요했다. 16세기 독일의 종교개혁가 마르틴 루터(1483~1546)는 대부모 제도를 신랄하게 비판했다. 그는 이 제도야말로 신자들의 자유를 억압하는 미신적 수단이라고 공격했다. 대부모 제도가 완강했던 향촌사회에서는, 대자녀들이 구교(가톨릭)를 버리고 신교를 믿을 수 있는 자유가 사실상 존재하지 않았다. 종교개혁 이후 유럽 사회는 나날이 세속화되었고, 대부모 제도 역시 관습의 일부가 되었다.

지난 수백 년 동안 유럽의 농촌사회에서는 '의사가족' 관계가 일상생활의 중심축이었다. 유럽의 '의사가족 공동체'는 대부모 제도를 비롯해 친족 및 의형제 관계가 하나로 결합한 것이다. 그 명칭은 지역마다 다양했다. 대표적인 것이 '오스탈Ostal' 또는 '카사casa'였다.

이 두 용어는 집 또는 가족이란 뜻이다. 독일의 프랑켄 지방에는 마을 이름에 오스탈이라는 용어가 들어가는 곳이 적지 않다. 마찬가지로 이탈리아, 포르투갈, 스페인에서는 카사라는 이름의 마을이 흔하다. 이런 현상을 우리는 무어라 해석해야 할까. 이것은 곧 마을의 본질이 의사가족 공동체였다는 역사적 사실을 반영하는 것이다.

현대 프랑스 역사가 엠마뉘엘 르루아 라뒤리Emmanuel Le Roy Ladurie는 15~18세기 프랑스 남부의 몽타이유 마을을 심층적으로 연구해 명성을 얻었다. 그에 따르면 몽타이유 마을에도 도무스domus라 불리는 의사가

부모와 대부모가 아이의 세례식에 참여하고 있다. 대부모는 대자녀의 신앙적 후견인 역할을 한다.

족 공동체가 존재했다.

그 활동은 다방면에 걸쳤고, 마을 사람들의 삶에 큰 영향을 미쳤다. 빈곤 문제의 공동해결을 비롯해, 고아의 양육, 청소년들의 직업훈련, 마을에서 발생한 분쟁의 처리 및 집단적인 복수까지 공동체의 기능에 포함되었다. 의사가족 공동체가 살인과 집단폭행 등의 '집단복수'까지 일삼았다는 사실이 흥미롭다.

근대 이후에도 살아남은 대부모 제도

지방마다 차이는 있었으나, 유럽 각지에 의사가족 공동체가 있었다. 그들은 대부모와 대자녀의 집안을 친족집단으로 인식해, 내부의 결혼관계를 기피하는 현상도 보였다. 심지어 세례를 주관한 담당 사제의 집안과도 결혼을 금했다.

근대국가의 등장과 더불어 의사가족 공동체의 위상에 변화가 나타났다. 국가권력이 확대일로에 있었고, 그에 따라 사적 영역의 축소가 불가피했다. 대부모 제도는 약화되었다. 이후 도시화와 산업화가 속도를 내자, 가족의 구성도 직계가족 위주의 단출한 조직으로 재탄생했다. 이런 판국이라 친부모도 아닌 대부모의 역할은 더욱 축소되었다. 큰 틀에서 보면, 대부모 제도는 서양 중세의 유물에 불과한 것이 아닐까, 하는 의문이 제기될 정도였다.

그러나 역사란 복잡미묘한 것이다. 일정한 방향을 따라 직선적으로 발전해가는 역사는 어디에도 없다. 19세기까지도 가톨릭국가 스페인의 식민지들, 곧 아메리카 대륙의 여러 나라에서는 대부모 제도가 외려 강화되었다. 대자녀의 일생에 분기점이 되는 중요 행사마다 대부모가 반드시 입회했다. 그들은 대자녀의 양육 또는 교육에도 관여했다. 대자녀는 대부모에 대한 존경심을 가져야 하며, 그들의 지시에 복종해야 한다고 가르쳤다.

종교심이 거의 사라진 것으로 간주되는 유럽의 사정도 현미경을 들이대면 달리 보인다. 가령 1845년경 프랑스 동부 지역에서도 마을 사람들이 대부모 관계를 통해 의사친족 관계를 형성했다. 아마 유럽 각국의 사정도 비슷했을 것이다.

정착할 수 없는
불안한 소작농의 삶

독일의 역사가 위르겐 슐룸봄은 독일 북부의 농촌마을 벨름을 연구해 주목을 받았다. 그 백미白眉는 17~19세기 그곳의 소작농들이 어떻게 살았는지를 다각도로 밝힌 점이다. 당시에는 한 뼘의 농지도 소유하지 못한 소작농, 곧 빈농貧農이 주민의 대다수였다. 농촌의 양극화는 18세기 이후 더욱 심화되었다. 인구가 증가하고, 상업이 발달한 결과였다.

당초 유럽의 지주들은 빈농이 마을에 발을 들여놓지 못하게 했다. 극빈층의 증가는 사회적 혼란으로 이어지기 마련이라고 확신했던 것이다. 그리하여 유럽 사회에는 가난해서 비혼非婚으로 남은 독신자가 많았다. 그 비율이 총세대 수의 10퍼센트를 넘는 곳도 있었다. "짚신도 짝이 있다"는 속담이 널리 퍼진 한국 사회에는 결혼을 하지 못한 사람이 거의 없었다는 사실과 대조적이다.

17세기 후반 유럽 사회에도 변화의 바람이 불었다. "빈농층은 값싼 노동력을 제공하기 때문에 지주의 이익에 기여한다. 간접적으로나마 그들은 국가의 세수입 증가에도 기여한다." 이 같은 새로운 주장이 주목을 끌었다. 산업화 및 도시화가 되고 세계 각지에 식민지를 건설함으로써 노동력의 수요가 커졌다. 사회경제적 환경이 변화하자, 빈농층을 바라보는 시각도 바뀌었다.

유럽의 지배층은 소작제도의 정착을 서둘렀다. 독일의 벨름 마을에서도 4년제 소작계약서가 유행했다. 지주는 자신의 거주구역에 1~3채의 오두막을 지어놓고 근면한 소작농을 유치했다. 많은 소작농이 지주가 제공하는 오두막에 살며, 정해진 소작료를 해마다 꼬박꼬박 냈다. 겨울철이면 그들은 지주에게서 땔감을 사기도 했다. 또 그들은 지주의 요구대로 농사일을 거들었다. 지주는 소작인에게 충성을 강요했다.

그뿐만이 아니었다. 만약 소작농이 말을 잘 안 들을 경우 지주는 언제든지 즉각 계약해지를 선언할 수 있었다. 그러면 소작농은 살고 있던 집을 당장에 떠나야 했다. 소작농의 지위는 불안정했다.

한 번 소작농은 영원한 소작농

소작농의 지위에 관해 유럽 사회에는 두 가지 상반된 주장이 있다. 한편에서는 다소 낭만적인 전설을 고집한다. 소작농이 평생 한 집안의 소작인으로 살았고, 더러 대를 이어 살기도 했다는 이야기다. 그러나 정반대되는 주장도 만만치 않다. 소작농의 지위는 초라하기 그지없어, 어디서나 '도망자 신세'에 불과했다는 것이다.

어느 편의 주장이 옳을까? 나는 슐룸봄의 연구 결과를 들여다보았다. 역사의 진실은 후자에 가까웠다. 18세기 벨름 마을에서는 소작농의 30퍼센트가량이 4년마다 농지를 찾아 다른 마을로 떠났다. 대략 14년마다 마을의 소작농들이 완전히 바뀌었다.

19세기가 되면 소작관계가 조금 안정된 것처럼 보였다. 그러나 크게 바뀌지 않았다. 벨름의 소작농이 완전히 바뀌는 데 21년밖에 걸리지 않았다. "농업사회는 정착사회다." 지금도 이렇게 믿는 사람이 많다. 하지만 유럽에서도 한국에서도 소작농은 끊임없이 부유*浮游* 했다.

내가 조선시대 경상도 단성현의 호적을 연구한 바에 따르면, 그곳의 극빈층은 30년을 주기로 마을을 떠났다. 가난한 소작농의 신세는 '부초浮草'와 같았다. 지금도 가난한 소시민들은 한곳에 오래 머물지 못한다.

소작농은 어떤 사람들이었을까? 18세기 후반 벨름의 실정을 좀 더 깊이 파헤쳐보자. 소작농의 과반수는 소작농의 자녀로 태어난 사람들이었다. 이른바 흙수저, 가난의 대물림이었다. 또 소유한 농토의 규모가 자급자족에 미치지 못한 소농의 자녀들이 소작농으로 전락하는 경우가 많았다. 소작농의 20퍼센트는 소농의 자녀로서 상속에서 배제된 사람들이었다. 대농(지주)의 자녀라 해도 상속자 1인을 제외하면 모두 소작농이 되고 말았다. 벨름의 대농은 극소수에 불과했기 때문에, 그들 자녀가 소작농층에서 차지하는 비율은 미미했을 뿐이다.

반 고흐, 〈정오의 휴식〉. 고된 노동으로 지친 몸을 잠시 쉬고 있다. 두 남녀는 소작농 부부로 보인다.

출신이 무엇이든, 일단 소작농으로 지위가 떨어진 사람들 가운데 단한 사람도 상승 이동을 경험하지 못했다. 한 번 소작농은 영원한 소작농이었다. 가난에서 헤어날 길이 없었다. 17세기 이후 이 마을의 소작농들 가운데서는 자력으로 소농이나 대농의 지위를 얻은 이도 없었다. 소농에서 대농으로 성장한 집안도 없었다. 독일 북부 농촌사회에서는 기껏해야 현상유지요, 그도 아니면 사회적 하강만이 무한 반복되는 구조였다.

상속 유무에 따라 극도로 달라지는 형제자매의 형편

부의 정체현상이 17~19세기 독일 북부에 국한될 리가 없다. 유럽 각국은 물론 아시아 여러 나라에서도 비슷한 상황이 여기저기서 반복되었을 것은 당연하다. 상업적 농업이 성행한 지역이라 해서 사정이 달라지는 것도 아니었다. 벨름 마을이야말로 이미 17세기부터 아마포를 비롯한 환금작물의 재배에 힘을 쏟은 곳이었다.

지주 가문을 상속한 벨름의 젊은이들은 소작농으로의 전락이 예정되어 있는 자신의 형제들과 어떤 관계를 유지했을까? 18세기 소작농으로 전락한 대농의 자녀들은 대개 이웃 마을로 이주했다. 가문의 상속자는 오직 단 한 사람, 대개는 막내아들이었다. 부모의 재산을 그가 송두리째 상속하는 것. 이것이 벨름의 풍습이었다. 불공평한 상속제도로 인해 동기간의 사회적 지위는 하늘과 땅처럼 멀어졌다.

지주의 아들딸들, 곧 대농의 형제자매 사이에 긴장이 조성되는 것은 어쩔 수 없었다. 그러자 지주들은 전략을 마련했다. 가난해진 형제자매의 아들딸, 즉 조카들의 대부가 됨으로써 동기간이 화해할 수 있기를 바랐다. "우리는 아직도 친척이다!" 이런 신호를 주고받음으로써 그들은 사회적 불평등을 조금이나마 해소할 수 있었을 것이다.

19세기 중엽이 되면 사정이 바뀌었다. 농지를 둘러싼 경쟁이 치열해져, 소작농이 되기도 쉽지 않았다. 외부에서 농지를 구하기 어렵게 되자, 벨름 대농가는 전략을 수정했다. 그들 자녀의 절반가량은 나이가 들어도 본가의 오두막에 눌러 지냈다. 그들은 본가의 소작농이 되었다. 생존의 위기 앞에서 혈연은 가장 믿음직한 구명대였다.

비슷한 생존전략이 명청시대의 중국과 조선왕조 사회에서도 목격되었다. 인구가 증가해 농토가 부족해지자, 부계혈연집단이 대대로 한 마을에 눌러살았다. 그들 가운데 누군가는 부유한 지주로서, 가난한 친척들에게 농토를 나눠주어 경작을 맡겼다. 가난한 사람들은 친척에 의지해 생계를 꾸렸다. 이것이 이른바 동족마을의 낯익은 풍경이었다.

지주에게 주어진
도덕적 의무

19세기 벨름의 대다수를 차지하는 전형적인 소작농들은 더 큰 위기를 맞았다. 그들에게는 넓은 농지를 소유한 친척이 없었다. 그들의 생존을 보장해줄 수단은 없어 보였다.

가난한 소작농에게도 가족은 삶의 토대였다. 슐룸봄의 책에도 기술되어 있듯, 형제자매가 한 사람의 지주에 기대어 사는 경우가 적지 않았다. 소작농은 합리적인 지주를 만나면 우선 자신의 형제자매를 불러들였다.

때로 대부모 제도를 매개로 한 '의사가족'이 생존의 버팀목이었다. 유럽의 속설에 따르면, 소작농은 자녀의 세례식 때 자신의 주인인 지주를 대부모로 모셨다. 지주 부부 또는 지주의 미혼 자녀가 어린아이의 대부모로 선택되었다는 말이다. 그리하여 소작농의 자녀들도 장차 대를 이어 그 지주의 보호 아래 살 수 있기를 바랐다.

정말 그랬을까? 슐룸봄의 책을 읽어보면, 사회현실은 속설과 거리가 있었다. 18~19세기 벨름의 소작농들은 자녀의 20퍼센트를 지주 또는 지주 자녀들의 대자녀가 되게 했다. 그 나머지 자녀들은 이웃에 사는 다른 지주 부부를 대부모로 정했다.

소작농들은 대부모 제도를 이용하여 인근의 여러 지주와 사회적으로 결합했다. 이것은 수직적 그물망이었다. 평생 남의 소작인으로 살아야만 했기에, 소작농은 다수의 지주들과 돈독한 관계를 가지는 것이 유리했다. 한동안 마을을 떠나지 않고 조금이나마 안정된 생활을 영위하려는 수단이었다. 대부모 제도는 소작농의 입장에서도 유용한 수단이었다.

지주와 소작농이 갓난아이의 세례식을 계기로 맺은 대부모 관계는 문화적 상징이기도 했다. 그것은 지주와 소작인의 관계에 정서적 유대감을 부여했다. 혹시 만일의 사태가 발생하면, 지주가 사회적 약자인 소작농의 가족을 돌보아야 한다는 도덕적 의무감을 확인하는 절차였다. 실제로 벨름에서는 고아가 된 소작농의 자녀를 지주가 데려다 기르기도 했다.

대부모 제도는 소작농의 삶을 안정시키는 기능을 했다. 그러나 슐룸 봄은 거기에도 명백한 한계가 있다고 못 박았다. 아무리 노력한들 소작농은 20년 안에 마을을 떠나게 될 운명이었다. 그런 점에서 이 관계는 한계가 있었다.

소작농이 농토를 구하는 데 가장 큰 도움을 준 이는 누구였을까? 소작농의 형제자매를 비롯한 가족이었다. 대다수 농민들에게 시련을 안겨 준 19세기, 벨름의 소작농들에게 구세주는 곧 형제자매요 시부모, 또는 처부모였다. 이것이 역사적 사실이다. 그렇다 해도 대부모라는 존재가 소작농의 생존에 상당한 도움이 되었던 사실 또한 누구도 부정하기 어려울 것이다.

07

종가,
양반들의 생존전략

◇
◇
◆

상속제도는 초대형 역사적 사건의 숨은 배경이 된 적이 많았다. 상속제도는 인간사회가 선택한 집단적 생존전략이고, 그에 따라 한 사회의 운명을 결정할 때가 많았다. 알고 보면 중세 유럽의 십자군운동도, 세계 최강을 자랑하는 현대 독일의 중소기업도 상속제도와 내밀한 관계가 있었다.

그런데 좀 더 깊이 파고들어가 보면, 동일한 상속제도라도 어떻게 운영하느냐에 따라 사회 전반에 미치는 결과가 전혀 달랐다는 것을 발견하게 된다. 가령 과거 한국과 중국 사회는 모두 부계혈연집단 중심으로 운영되었다. 그렇다 해도 두 나라에서 종족집단이 작동하는 방식은 상당히 달랐다.

풍토가 달랐기 때문이다. 어디서나 사람들은 자신의 처지에 적합한 생존전략을 택했으며, 그 전략을 운용하는 과정에서도 많은 차이를 보였다. 그리고 이러한 차이점이 그 사회의 독특한 문화를 낳았다.

상속에서 배제된 아들들,
십자군 원정에 나서다

유럽 중세사에 등장하는 십자군운동은 장자상속제도와 깊은 관계가 있었다. 많은 역사가들이 지적하듯, 게르만 문화와 기독교의 영향으로 유럽 사회에는 장자상속제가 널리 퍼져나갔다. 장자가 가문의 지위와 재산을 독점하게 된 것인데, 그로 인한 부작용도 만만치 않았다. 상속에서 소외된 유럽 귀족층의 대다수 자제들, 즉 차남 이하는 존재의 위기를 맞았다. 그들은 불만세력으로 자라나 사회질서를 어지럽혔다. 서로 영지를 차지하기 위해 각지에서 크고 작은 무력 충돌을 벌였다. 서양 중세 사회의 말단 지배계층인 기사계층은 바로 그와 같은 일종의 부랑아 집단에서 비롯되었다. 경쟁에서 탈락한 사람들은 평범한 군인으로 일생을 마감하기 일쑤였다(자세한 설명은 나의 책, 『신사와 선비』, 사우, 2018을 참조할 것).

동로마의 수도 콘스탄티노플을 함락시키는 십자군. 상속에서 배제된 차남 이하의 아들들에게 십자군원정은 절호의 기회였다.

교황 우르바노 2세(재임 1088~1099)는 사태의 본질을 이해했던 모양이다. 유럽 사회 전반에 걸쳐 교황청의 지배력을 더욱 강화하고자 했던 그는 불만세력을 동원할 궁리를 했다. 만약 동방의 이슬람 세력을 제압할 수 있다면, 교황권이 막강해질 것이었다. 야심 많은 우르바노 2세는 성지 예루살렘의 회복을 명분으로 내세우며 대규모 원정사업을 일으켰다.

출세 기회를 노리던 유럽의 기사들이 십자군운동을 열렬히 환영했다. 상속에서 배제된 평민 가정의 차남과 삼남들도 원정대 병사로 기꺼이 합류했다. 그들은 소작인이 되어 평생을 뙤약볕에서 육체노동에 시달릴 운명이었다. 그들의 처지에서 본다면 십자군원정은 절대 놓칠 수 없는 절호의 기회였다. 행여 큰 공을 세운다면 신분이 상승할 것이요, 그게 아니라도 값진 전리품을 얻어 부자가 될 수 있을 터였다.

1096년에 시작된 십자군운동은 200년가량 이어졌으나 결국에는 실패로 끝났다. 이슬람 세력의 저항은 완강했고, 그에 맞선 유럽 기사들은 무능하고 부패했다. 교황청은 큰 타격을 입었다. 세속사회에 대한 가톨릭교회의 지배력이 약해졌다. 기사들의 위신과 명예도 손상되어, 유럽 중세 사회는 붕괴되기 시작했다.

반면 방어에 성공한 이슬람 세계는 번영을 누렸다. 그들은 '성전聖戰', 곧 지하드에 대한 종교적 신념을 불태우며, 강력한 이슬람국가를 건설했다. 칼리프가 지배하는 이슬람 세계는 국제교역의 이익을 독점하다시피 했다. 그런 현상은 16세기 스페인과 포르투갈이 주도하는 대항해시대가 열릴 때까지 계속되었다.

십자군운동을 통해 이슬람과 유럽 사이에 문화 교류가 이뤄지기도 했다. 황금과 향신료를 비롯한 동방의 진귀한 물품이 유럽 세계로 대량

유입되었다. 또 이슬람 세계에 보존된 그리스와 로마의 고전 문화와 함께 이슬람의 수학, 천문학, 화학, 의학도 유럽에 전해졌다. 이것이 결국 유럽 근대문명의 초석이 되었다.

십자군운동은 유럽 역사에 한 획을 그은 일대사건이었다. 이 사건의 배경에 장자상속제로 인한 유럽 내부의 사회적 불만과 불안이 깔려 있었다는 사실은 흥미로운 일이다.

독일 강소 기업을 만든
균분상속제

오랫동안 균분상속제가 실시된 곳에서는 어떤 일이 일어났을까? 독일 서남부 슈바벤 지방이 나의 관심을 끈다. 그 지역은 재산을 자녀들에게 골고루 분배하는 상속제도로 인해 빈곤의 굴레에 갇혔다. 대다수 농가는 자급자족도 어려운 상태가 되었다. 그러자 사람들은 소득을 높이기 위해 가내수공업을 시작했다.

균분상속을 고수하면 몇 뙈기에 불과한 자작농의 재산이 여러 조각으로 잘게 나뉜다. 그런 재산 분할이 몇 세대를 거치게 되면 그 자손 가운데 누구도 물려받은 조그만 땅뙈기로는 도저히 생계를 이을 수 없게 된다. 1990년대 나는 튀빙겐에 살았는데, 그때 현지에서 거듭 목격한 사실이다. 이렇게 되면 사람들은 전업농이 되기를 포기하고 대안을 마련하기에 바쁘다.

흥미롭게도 독일 서남부 지방 사람들은 근대화가 한창 추진되던 시기에도 도시로 이주하기를 매우 꺼렸다. 그들은 도시의 임금노동자로

독일의 대표적인 기업 보쉬는 1886년 독일 슈투트가르트에서 직원 2명을 둔 기계공작소로 출발해 오늘날 다국적기업으로 성장했다.

살기를 거부했던 것이다. 거기에는 그 나름의 이유가 있었다. 19세기의 독일 법률은 토지를 소유한 사람에게만 선거권 및 참정권을 주었다. 슈바벤의 영세농민들은 끝까지 토지를 지키는 것이 시민의 권리를 유지하는 수단이라는 점을 중시했다. 그들은 소농에 불과했으나 누구보다 근면했고 지식과 기술을 연마하는 데 삶의 의미를 부여했다. 하이델베르크대학을 비롯해 튀빙겐대학과 프라이부르크대학 등 독일의 대표적인 명문 대학이 슈바벤에 위치한 것은 우연이 아니었다. 슈바벤에서는 시골 사람들의 문자 해독 능력이 웬만한 도시를 능가했다.

　바로 그곳에서 독일의 전형적인 기업이 등장했다. '미텔슈탄트Mittelstand'라 불리는 중소기업이다. 그들은 독자적인 상품을 개발해 영국식 대기업의 틈새시장으로 파고들었다. 오늘날 수천 개를 헤아리는 슈바벤의 중소기업들은 세계 굴지의 지위를 자랑한다. 고용 면에서도 그들은 대기업을 앞지른다.

슈바벤의 중소기업 중에는 다국적기업으로 성장한 경우도 있다. 보쉬와 메르세데스 벤츠가 대표적이다. 특히 보쉬는 1886년 슈바벤의 중심지 슈투트가르트에서 직원 2명을 둔 기계공작소로 출발했다. 현재는 30만 명의 노동자가 근무하는 세계적인 기업이 되었다.

요컨대 균분제도로 인해 슈바벤의 경제는 파탄이 날 수도 있었다. 그러나 그들은 제도적 단점을 과감히 극복함으로써 새로운 활로를 찾았다.

청나라 종중의
비즈니스 마인드

서양의 유대인들도 그러했지만 고대 중국인들은 장자 중심의 부계혈연 조직을 강화했다. 사회질서를 안정시키는 방법이었다. 이에 관한 이야기를 자세히 하자면 끝도 없다. 여기에서는 청나라 시대에 국한하여 상속제도의 몇 가지 특징을 간단히 소개한다.

중국의 상속제도는 과거제도와 밀접한 관계가 있었다. 과거시험은 신분을 유지하는 수단이자 신분상승에 필수적인 것이었다. 그러나 시험 준비기간이 수십 년이나 요구되었기 때문에 경제적으로 뒷받침하기가 어려웠다. 이 문제를 해결하기 위해 중국의 많은 종족은 공동기금을 조성했다. 결과적으로 과거 합격의 영광은 당사자뿐만 아니라 종족 전체의 공유물이 되었다.

청나라에서는 성인 남성의 2퍼센트가 신사紳士였다. 우리로 말하자면 양반이다. 청나라의 과거 합격자는 대체로 상위 10퍼센트 안에 속하는 종족집단에서 배출되었다. 그밖에 절대다수의 종족집단은 희망을 아예 포기할 수가 없어서, 패배가 예정된 경쟁에 뛰어들었다.

16세기 이후 중국의 신사들은 많은 특권을 향유했다. 신사의 대부분은 퇴직관리로 대지주 가문에 속했다. 초시初試 이상의 과거시험 합격자들도 신사 대접을 받았다. 그들은 고전에 대한 해박한 지식을 자랑하며, 품위 있고 풍족한 생활을 즐겼다. 또한 자신의 종족 조직에서 주도적인 역할을 담당하면서 지방행정에도 참여했다. 그들이야말로 향촌사회의 실질적인 지배자였다.

신사에게는 다양한 수입원이 존재했다. 그들은 위세를 이용해 전당포를 운영하거나 고리대금업자로 활동했다. 불법적인 상업활동도 마다하지 않았다.

하급 신사들 가운데는 마을이나 집안의 훈장으로 밥벌이를 하는 경우도 있었다. 대필 작가로 활동하거나, 대놓고 상업 작가로 출판에 관여하기도 했다. 과거시험 참고서를 출판하거나, 상업성이 있어 보이는 출판물의 교정도 맡았다. 다른 사람들의 저술에 서문을 써주고 보수를 요구하기도 했다.

신사는 상인단체의 임원이 되었다. 향촌공동체의 사업에도 간사로 참여했다. 그밖에 의연금 모금을 주관하기도 했고, 수리사업 전문가로 일하기도 했다. 신사는 의학이나 법률 전문가로서 많은 돈을 벌기도 했다. 지식과 명성에 힘입어 종족단체인 종중宗中의 대표가 되어 사당 운영을 전담하는 등 종중 사무를 담당했다. 이처럼 신사의 역할은 거의 모든 분야에 걸쳐 있었다. 신사가 많이 나오면 친척들이 여러모로 혜택을 보는 구조였다.

청나라 시대의 중국인들은 종족기관, 즉 종중에 투자를 아끼지 않았다. 그런데 우리의 지레짐작과 달리 중국의 종중은 상업에 훨씬 더 적극적으로 투자했다. 예를 들면 안휘성 휘주부는 상업으로 이름난 지역이었고, 투자자들의 상당수가 유력한 종중이었다. 강소성의 남심진은 이름난 비단 산지였다. 다수의 종중이 그곳의 비단사업에 투자했다. 사천성 남부지방은 소금 산지로 유명했기 때문에, 소금 채취에 거액을 투자한 종중도 많았다. 물론 종중은 농업에도 투자했다. 그들은 광동성 주강하류의 개간사업에도 앞장섰다.

요컨대 청나라의 종중은 현대적인 기업 또는 투자기관을 연상시키는 점이 있었다. 자본이 넉넉해야만 집안의 유망한 청년들을 제대로 후원할 수 있었기 때문이다. 종중의 투자이익은 간부들에게 큰 혜택으로 돌아갔다. 가난한 친족의 생계를 돕는 데도 사용되었다. 양자강 하류 지방에서는 여러 종중이 공동기금을 조성했다. 그들은 그것을 상인들에게 빌려줌으로써 대부은행 같은 역할을 했다. 한국의 문중과 달리 중국인들은 돈이 되는 일이라면 무엇이든 망설이지 않았다.

종족이란 무엇인가? 조상을 공유한 집단이라고 하지만, 실제로는 조상의 성을 바꾸거나 시조를 조작해 명성을 허위로 조작하는 경우도 있었다. 종중은 공동재산을 소유한 것이 사실이지만, 그 편차는 심했다. 상당수 종족은 몇 칸에 불과한 사당을 유지하는 데 그쳤다. 하지만 그들도 종중의 공동자본을 키우려고 노력했다. 중국인들은 종중의 재산이 흩어지는 것을 수치로 여겼다. 재산이 넉넉한 아버지가 세상을 뜨면 그 재산의 일부를 아들들이 나눠 가졌으나, 대부분의 재산은 공동소유로 묶어 종중 재산으로 만들었다.

청나라 조정은 종중이 유교적 이념을 심화함으로써 지배체제를 안정시킨다고 믿었다. 그런 점에서 종중을 믿고 장려했다. 그러면서도 조정은 종중의 부작용을 의식해 감시의 눈길을 소홀히 하지 않았다. 종중들 가운데는 약자를 괴롭히거나 무리한 개간사업을 벌여 홍수를 초래하는 등 사회적으로 물의를 일으키는 경우도 있었다. 종중이 추진한 사업이 사회 문제를 낳기도 했다.

청나라는 상업이 고도로 발달한 사회였다. 만주족은 본래 동북지방에서 모피무역으로 돈벌이를 했던 만큼 상업과 수공업의 발전에 관심이 많았다. 18세기의 청나라는 그 생활수준이 유럽을 능가했다. 당시 중국의 종중이 오늘날의 기업체를 연상시키는 것도 무리가 아니었다.

종가는
조선 양반들의 보루

조선시대의 문중도 상속제도와 떼려야 뗄 수 없는 관계였다. 특히 영남지방에서 발달한 종가宗家와 종손宗孫은 더욱 그러했다. 이것은 균분상속제도가 역사의 뒤편으로 사라지고 장자상속제도가 확립되기 시작한 17세기 이후였다.

영남에서 두드러졌던 종가문화의 특징은 무엇일까? 집안의 재산을 오롯이 이어받은 종손이 문중 전체를 대표하는 것이었다. 재산 분할을 막음으로써 종손은 소상 전래의 지도적인 위상을 유지했다. 그들은 다른 집안의 종손들과 끊임없이 교류하고 조상의 사당을 수호함으로써

경주 회재 이언적 종가

양반 가문의 명성을 이어나갔다.

또한 종손은 종토宗土를 효율적으로 관리하여 문중 사람들의 사회적·경제적 안전망을 만들었다. 계속된 인구 증가로 인해 생계를 잇기 어려운 친척에게는 땅을 빌려주었고, 그들의 경조사에도 도움을 주었다. 그리하여 거듭된 흉년이나 큰 난리를 겪은 뒤에도 같은 조상을 둔 일가친척이 대대로 한 지역을 차지하고 살 수 있었다.

그러나 지나치게 과장할 필요는 없다. 종가는 가난에 시달리는 일가를 모두 구제할 수 있을 만큼 형편이 넉넉하지 못했다. 문중에 속한 유능한 청년들에게 장기간의 학업을 뒷바라지할 만한 여력도 없었다. 대부분의 종가는 자신의 품위를 유지하는 것도 어려운 일이었다.

조선 후기에는 기호지방의 몇몇 양반 가문이 권력을 독점했다. 다른 양반들은 과거시험에 합격하기도 어려웠고, 합격의 관문을 뚫더라도 이권이 보장된 자리에 등용되기가 사실상 불가능했다.

이런 세월이 계속되자 대다수 양반들은 종가라는 지위 자체를 잃어버릴 위기에 처했다. 종가란 '불천위不遷位', 곧 세대가 아무리 지나더라도 사당 제사를 받을 수 있는 신위가 있어야 했다. 보통의 경우에는 4대가 지나면 사당 제사가 끝난다. 그러나 불천위만은 달랐다.

그럼 '불천위'는 어떻게 결정되는가. 높은 벼슬을 지냈거나 특별한 학행이나 군공으로 국가에 현저한 공적을 세웠다는 것을 조정으로부터 인정받아야 했다. 만일 조정에서 '불천위'로 지정한 조상의 신위가 없다면 종가란 있을 수 없다. 한 마디로 불천위의 존재 여부는 한 집안이 양반으로서 품위를 유지하느냐 못하느냐를 결정하는 관건이었다.

영남지방의 양반들은 이 문제를 극복하기 위해 독특한 방안을 마련했다. 이른바 '향불천위鄕不遷位'라는 존재였다. 한 고장의 양반들이 의견을 모아 '불천위'의 지위를 부여했던 것이다. 이러한 방법으로 많은 종가와 종손이 새롭게 등장했다. 오늘날 경상북도 안동 지역에만도 이른바 47종택宗宅이 남아 있다. 그 가운데 상당수 종갓집은 벼슬에 나간 적이 없는 순전한 유학자를 불천위로 모신 집안이다.

종택의 성립으로 이어지지 못한 '향불천위'의 수는 훨씬 더 많았다. 조선 후기에 건립된 서원과 사우祠宇에는 헤아릴 수 없이 많은 신위들이 존재했다. 그들은 향불천위인 셈이었다. 그 대부분은 문중서원 또는 문중사우에 모셔져, 각 문중의 위상을 높이는 데 기여했다. 권력에서 멀어질수록 양반으로서 누리던 기득권을 수호하려는 의지가 각별했던 것이다.

유교사회인 중국과 한국의 부계혈연 조직은 차이점이 명확했다. 중국에서는 '종재宗財', 곧 종중 재산을 공동으로 상속하고 공동으로 경영했다. 그 중심에는 과거시험에 합격한 신사들이 있었다. 중국에서는 한 마을에 사는 종족이라도 신분과 직업이 다양했다. 신사가 있었는가 하면, 농민, 상인 및 수공업자가 공존했다. 그들의 신분과 직업은 노력과 운에 따라 얼마든지 바뀔 수 있었다.

그러나 한국 사회는 달랐다. 권력에서 소외된 양반들도 기득권 신분을 포기하지 않으려고 애썼다. 그들은 상공업에 종사하지 않았고, 신분의 이동 자체를 금지하려고 했다. '종가'를 세움으로써 종손이 조상 전래의 인적·물적 자원을 사실상 독점하게 했다. 그것이 양반 가문의 정통성을 유지하는 방법이었다. 이렇듯 한국의 '종가문화'는 양반의 집단적 정체성을 유지하는 수단이었다. 세계 어느 나라에서도 유사한 제도를 찾아보기가 어렵다. 양반들은 '반맥班脈', 곧 양반의 혈통이 맥맥이 흐르고 있다는 사실을 인정받고자 종가에 특별한 지위를 부여한 것이다.

한 마디로 말해 겉으로 똑같아 보이는 상속제도라도 시공간의 변화에 따라 사람들은 독특한 운영방식을 고안했다. 이것이 저마다의 사회적·문화적 특성으로 발전해갔다. 어떤 경우든지 상속제도는 집단의 생존을 위해 고안된 일종의 전략이었고, 거기에는 집단의 소망과 지향점이 명백히 드러나 있다.

08

중세 온난기,
노비는 가장 중요한 상속재산

오늘날 한국인은 상속이라면 서울 강남의 초고가 아파트와 건물을 첫째로 여긴다. 시공간이 달라지면 이것도 바뀔 것이다. 역사책을 뒤적여보면, 풍부한 노동력을 무상으로 제공하는 노비奴婢가 값진 유산으로 자리매김되기도 했다. 타인의 노동력이 상속재산으로 취급되던 시대, 사회적 불평등이 보편적 진리처럼 통하던 그 시절의 이야기를 해보자.

유럽 귀족의 성채가
산골짜기에 지어진 까닭

엉뚱하게 들릴지 모르겠으나, 기후는 인간의 삶에 큰 영향을 미친다. 문명이 고도로 발달한 오늘날에도 그런 점이 있다. 2015년 12월 12일 미국과 중국을 포함한 195개 국가가 파리기후변화협약을 체결했다. 온실가스 감축을 통해 지구온난화를 극복하자는 것이었다(2017년 트럼프 미국 대통령의 갑작스러운 탈퇴 선언으로 파리협약은 위기에 빠졌다).

그런데 지구의 평균기온이 현재보다 2도나 높았던 적도 있다. 10세기부터 13세기까지였다. 그때를 중세 온난기라고 부른다. 현대인은 온난

독일 헤힝겐 마을 언덕에 위치한 호엔촐레른성. 중세에 강력한 힘을 행사했던 호엔촐레른 가문의 발상지다.

화를 두려워하지만 중세 사회는 달랐다. 고온의 영향으로 농사 한계선이 200미터나 높아져, 웬만한 산중턱에도 농사가 가능해졌기 때문이다. 그러자 기득권층인 기독교 교회와 귀족들이 앞다퉈 개발붐을 일으켰다.

많은 농노農奴들이 산지를 개간하는 데 투입되었다. 농노는 자유가 제한되어 있었으나, 조선시대로 치면 노비보다는 평민에 가까웠다. 하여간 중부 유럽에서는 지배자들이 농노들을 이용해 '내부 식민화'에 열을 올렸다. 유럽 역사에서 그때처럼 농노의 경제적 가치가 높은 적은 없었을 것이다. 동원할 수 있는 농노의 수가 많으면 새로운 농토를 얼마든지 개간할 수 있는 시기였다.

유럽의 산과 골짜기에 마을과 도시, 그리고 성채가 새로 건설되었다. 내가 젊은 시절을 보낸 독일 서남부에는 지명 속에 중세 온난기의 개발

열기가 아로새겨져 있다. 튀빙겐이라는 대학도시부터가 그랬다. 중세의 유풍이 남아 있는 그곳의 역사는 1191년에 시작되었다. 독일의 마지막 황제 빌헬름 2세의 조상들, 곧 호엔촐러_{Hohenzoller} 가문의 발상지인 헤힝겐에 성채가 완공된 것도 1255년의 일이었다. 독일 지명이 '잉겐'으로 끝나면, 중세 온난기에 생긴 곳으로 봐도 좋을 정도다.

농노들이 투입된 유럽의 개간사업은 성공적이었다. 9세기 유럽 인구는 3000만 명쯤이었는데, 13세기에는 두 배 이상 늘어 7300만 명이 되었다. 14세기에 페스트가 유행하고 소빙기가 찾아와, 인구가 급감하고 개간이 불가능해질 때까지 유럽 역사의 방향을 튼 것은 농노들의 힘이었다.

네덜란드 평민들이 일군
기적

그러나 모든 일에는 예외가 있다. 온난화가 네덜란드 저지대에는 재앙으로 다가왔다. 기온이 높아지자 해수면이 상승했다. 해일과 홍수의 피해는 더욱 심해졌다. 그러나 네덜란드 사람들은 자연의 힘에 고개를 숙이지 않았다.

그들은 연안을 댐으로 막았다. 습하고 지반이 무른 갯벌을 농토로 바꾸려는 것이었다. 12세기부터 시작된 네덜란드 사람들의 노력은 수 세기 동안 이어졌다. 그들은 바닷물과 고된 싸움을 벌였다. 그게 워낙 고된 일이있기에 기득권층인 교회와 귀족들은 굳이 네덜란드 해안의 간척사업에 뛰어들지 않았다. 암스테르담을 비롯한 네덜란드 저지대 어디에서든 간척사업의 주체는 평민이었다. 더 이상 물러설 곳이 없었던 가난한 사람들은 해수면이 상승하면 댐을 더욱 높이 쌓아올리는 것으로 대응했다. 그들은 페르시아와 터키에서 사용되던 풍차의 제작법까지 습득하여 관개사업을 효과적으로 추진했다. 간척지가 점점 늘어나자 사업에 참여한 평민들은 그 땅을 나눠 가졌다. 네덜란드 저지대의 방대한 농경지가 평민들의 소유였다니, 중세의 기적이었다.

네덜란드의 평민 중산층은 교회와 왕권의 횡포로부터 벗어나기 위해 독립적인 도시를 만들었다. 16세기 네덜란드 북부의 여러 도시들은 공화국을 세우고, 강대국인 스페인을 상대로 독립전쟁(1566~1648)을 벌였다. 80년의 기나긴 전쟁 끝에 마침내 네덜란드는 독립을 쟁취했다. 17세기 말 네덜란드는 유럽에서도 가장 부강한 나라가 되었다. 그들은 해외 교역망을 동아시아에까지 확장했다. 네덜란드 최고의 무역항이던 암스테르담은 상업 및 금융의 중심지로서 자본주의 발전을 선도했다.

네덜란드 중산층은 신경향의 회화를 후원했다. 렘브란트 같은 미술계

네덜란드 평민들은 저지대를 간척해 농경지로 만들었다. 풍차의 동력을 이용해 관개사업을 효율적으로 진행했다.

의 거장이 나타나게 된 배경이다. 사상계에도 스피노자라는 거인이 출현해 공화주의의 기치 아래 자유와 관용의 가치를 철학적으로 옹호했다.

따지고 보면 네덜란드 역사를 선도한 것은 평민이었다. 그들은 자연재앙에 굴복하지 않고 세상을 바꾸었다. 이 때문에 "신은 우주를 창조했다. 그러나 네덜란드는 인간이 만들었다"라는 속담까지 생겨났다.

송나라 대지주의
소작농 관리

10세기부터 기온이 상승하자 중국인들은 양자강 이남을 본격적으로 개발하기 시작했다. 막대한 인력이 조직적으로 동원되었다. 그에 따라 논농사 면적이 지속적으로 늘었다. 중국인들은 이모작에 적합한 쌀과 보리의 품종을 발견하고자 많은 노력을 기울였다. 이앙법(모내기)이 일반화되고, 수리관개 시설도 개선되었다. 이렇게 만들어진 강남의 잉여 농산물은 대운하를 통해 중국 각지로 뻗어나갔다.

송나라(960~1279)의 경제력은 날로 팽창했다. 강남의 지주들은 거부로 성장했다. 그들은 소작농의 관리에 힘썼다. 결과적으로 강남에서는 대지주의 지배체제가 정교하게 발달했다. 그러는 사이 중국의 대상인들은 원거리 교역을 통해 몸집을 키웠다.

현대의 경제사학자들은 송나라의 국민총생산(GDP)이 당시 세계 총생산의 40퍼센트를 넘었다고 주장한다. 또 세입구조도 '현대화'되어, 상업과 교역세의 비중이 농지세를 추월했다고 한다. 중국의 인구는 1억 명을 돌파했다.

송나라에서 개발된 강남농법江南農法은 훗날 한반도로 전파되었다. 조선 전기에 편찬된 농업서적들은 이 농법을 적극 소개했다. 덕분에 16~17세기 조선의 농업은 큰 폭으로 성장했다.

송나라의 경제성장은 지주-소작제도에서 비롯되었다. 그것은 온난화에 대한 중국인의 적극적 대응이었다. 그런데 300년 동안 계속되던 온난화 현상도 끝자락을 보였다. 1315년 유럽에 이상저온이 왔고, 이어서 중국에서도 이상현상이 나타났다. 1329년 양자강이 얼어붙으며 소빙기가 시작되었다. 중국의 농업생산성은 악화되었고, 몽골족이 세운 원나라도 무너졌다. 이후 몇 차례 기온이 상승한 적도 있었다. 그러나 한 번 시작된 냉각화는 더욱 심해졌다. 농업생산은 위축되었고 중국의 정세에도 큰 변화가 일어났다. 소빙기는 명-청 교체기를 겪은 뒤 1750년(건륭 15)에 정점을 찍었다. 그 뒤로 기온은 다시 상승세를 보였다. 기후가 변화할 때마다 인간의 노동력을 바라보는 세상의 잣대가 달라졌다.

연안 개간에 나선 조선 양반들

중세 온난기에 한국인들은 어떻게 대응했을까? 여기에서도 노비나 농민들을 동원한 개간사업이 활발했을까? 불행히도 그때 고려 사회는 거듭된 외침에 시달렸다. 그 때문에 사회 변화를 증명하는 역사 기록은 거의 없다.

한반도에서 큰 변화가 나타난 것은 15~16세기였다. 소빙기로 인해 해수면이 조금씩 낮아지자, 양반들이 저지대에서 개간과 간척사업을 벌였다. 그들은 노비를 동원해 천방川防을 쌓고 제언堤堰을 설치했다. 서남해안 일대는 물론 내륙 곳곳에서도 습지를 농토로 바꾸려는 노력이 한창이었다.

조상 대대로 남해안에 살던 윤선도의 집안도 그러했다. 16세기에 윤의중, 곧 윤선도의 조부는 노비들의 힘을 빌려 해남의 바닷가에 새 농지를 조성했다. 『선조실록』과 『선조수정실록』에 언뜻언뜻 비치는 기록으로 미루어볼 때, 윤씨 일가는 개간 및 간척사업으로 거부가 되었다. 그들은 전라도 장흥, 강진, 해남, 진도 등지에 드넓은 농토를 소유했다. 노비들의 노동력이 아니고서는 불가능한 일이었다.

서울에 살던 고관들도 서해안 일대를 개간했다. 경기도 평택시 청북면 고잔리(당시는 수원목)로 낙향한 신숙주의 자손들도 그러했다. 훈구파에 속했던 신씨 일가도 노비들의 노동력을 이용해 남양만으로 흘러들어가는 실개천에 제방을 만들었다. 그렇게 하여 넓은 농토를 확보했다. 이것은 그들이 여러 대 동안 걱정 없이 살 수 있게 해준 경제적 기반이었다.

전라도 부안과 고창 등 해안지방에서도 유사한 현상이 있었다. 토착 양반들과 서울에서 낙향한 양반들이 바닷가의 기름진 땅을 얻었다. 양반들은 이렇게 얻은 농토를 노비와 인근 농민들의 손에 맡겨 병작竝作(소작)을 했다.

그 시절 양반들에게는 개간과 경작에 필요한 노비를 충분히 확보하는 것, 이것이 큰 관심거리였다. 당장 부모에게서 몇 뙈기의 땅을 물려받을 것인가, 하는 문제보다 과연 몇 명의 노비를 상속할 수 있을까, 하는 문제가 갑절이나 중요했다.

지주 가문으로 손꼽히는 해남윤씨 종가인 녹우당

한 집안의 노비가
1000명을 넘기도

16세기 조선 인구의 30퍼센트 정도는 노비였다. 17세기가 되면 노비의 비율은 60퍼센트가 넘었다고도 한다. 그러나 당시에는 정확한 인구통계가 없었다. 아무것도 단언하기 어려운 형편이다. 분명한 사실은, 그때처럼 노비의 재산 가치가 컸던 적은 전무후무하다는 것이다. 조선 전기에 작성된 고문서를 조사해보면, 전답의 상속에 관한 언급은 전혀 없고, 물려줄 노비의 이름과 나이만 기록한 것이 수백 건에 이른다.

예부터 이 땅에서는 부모가 돌아가시면 형제자매가 유산을 균등하게 나눠 가졌다. 사람들은 자신이 상속한 노비를 부변父邊(아버지 쪽), 모변母邊(어머니 쪽), 처변(妻邊, 아내 쪽)으로 분류하기도 했다.

개간과 간척사업이 활기를 띠었던 15~16세기, 조선의 양반들은 얼마나 많은 노비를 소유했을까? 아주 드물게는 한 집안의 노비 수가 1000명을 넘기도 했다. 수백 장의 고문서를 검토한 결과 내가 내린 결론은 이러하다. 만약 60~70명의 노비를 소유했다면 부유한 집안이었다.

서울의 명문가는 물론 재산 규모가 몇 배 컸다. 춘성부부인 정씨의 경우가 떠오른다. 정씨는 세종의 8남 영응대군의 아내였다. 1451년(문종 1)에 기록된 상속문서에 따르면, 정씨가 친정부모에게서 받은 노비는 57명이었다. 친정아버지에게서 10명을 받았고, 나머지 47명은 친정어머니에게서 물려받았다. 정씨의 친정부모는 통산 340명의 노비를 소유했다. 따지고 보면, 그 내부분은 정씨의 외가인 여흥민씨 집안에서 상속받은 것이었다.

정씨에 비해 시골로 낙향한 양반은 재산 규모가 작았다. 전라북도 임실군 오수면(당시는 전라도 남원 둔덕방)으로 내려간 전주이씨(고림군파) 일가가 생각난다. 1539년(중종 34)에 그 집안에서 작성한 상속문서를 보면, 7명의 형제자매가 각기 10명 정도의 노비를 물려받았다. 이미 세상을 떠난 그들의 부모는 70~80명의 노비를 소유했던 것이다. 이 정도라면 시골에서는 상당히 부유한 편이었다.

천차만별
조선 노비의 처지

19세기까지 중국과 서양에도 노비가 존재했다. 하지만 그 수는 조선 사회와는 비교가 안 될 정도로 극히 적었다. 노비라는 신분도 1대에 그쳐 대대로 전해지지 않았다. 한국 사회에서는 달랐다. '일천즉천—賤則賤'이라 하여, 부모 가운데 한 사람만 노비라도 자자손손 대물림을 했다. 자연히 노비의 수가 늘었다. 18세기의 실학자 성호 이익은 노비세습제의 폐단을 역설했으나, 지배층은 이를 묵살했다.

조선의 노비제도에는 특이한 점이 많았다. 노비라 해도 그들의 처지는 천차만별이었다. 극단적인 경우이지만 16세기 노비 중에는 박인수라는 꽤 유명한 학자도 있었다. 또 많은 재산을 소유한 노비도 존재했다. 현대인의 상식으로는 도저히 이해할 수 없는 것이 노비의 역사다. 그 가운데 서너 가지만 간단히 언급해보자.

첫째, 세력이 있는 주인(양반)의 적극적인 비호로 인해, 시골에서는 노비들의 살림살이가 평민보다 훨씬 나은 경우도 있었다. 각지에서 개간과 간척사업이 활발하던 시절의 풍경이었다. 1478년(성종 9) 왕실 종친인 주계부정 이심원이 임금에게 올린 글에서 '칭념稱念'의 폐단을 고발했다. 요컨대 서울의 고관들이 임지로 떠나는 지방관을 찾아가서 술과 고기를 대접하며, 그 고을에 거주하는 노비들을 봐달라고 부탁하는 풍습이 성행했다(『성종실록』, 성종 9년 4월 8일). 서울의 세력가들은 지방관의 도움을 받아 자신의 노비들이 농장을 확장하고, 그 경영도 효율적으로 할 수 있기를 바랐던 것이다.

둘째, 농장을 주인 대신 경영하던 노비 중에는 이따금 큰 부자도 나왔다. 실록을 읽어보면, 1485년 충청도 진천에 흉년이 심했다. 그때 어느 양반의 남자 종 임복은 곡식을 2000석이나 바쳤다. 그의 선행에 조정의 칭찬이 쏟아졌다(『성종실록』, 성종 16년 7월 24일). 2000석이나 되는 곡식을 한꺼번에 내놓을 정도라면, 임복의 농토는 수천 마지기에 이르렀을 것이다.

셋째, 임복과 같이 부유한 이도 노비의 신분을 벗어나지 못했다는 사실이 주목을 끈다. 조선의 기본법전인 『경국대전』에 따르면, 16세 이상 50세 이하의 노비는 매매 가격이 저화 4000장이요, 15세 이하와 50세 이상의 노약자는 3000장이라고 명시했다. 그렇다면 부유한 노비는 자신과 가족의 신분을 해방시킬 만한 재산, 곧 '속량贖良'의 능력이 충분했다. 그러나 주인들은 굳이 그들에게 자유를 주려고 하지 않았다. 부유한 노비를 그대로 소유하는 것이 주인에게 더 많은 이익을 안겨주기 때문이었다.

주인 집안에 특별한 행사가 있을 때마다 잘사는 노비는 특별 찬조금이나 값비싼 선물을 바쳐야 했다. 심지어 '기상記上'이란 것도 있었다. 노비가 자신의 재산을 주인에게 헌납하면서 기록을 작성한다고 해서 그렇게 불렀다.

16세기 말 서울 양반 오희문은 남자 종 막정이 죽자 그 재산을 물려받았다. 그는 감격스러운 어조로 일기에 이렇게 썼다. "살아서는 몸을 바치고 죽어서는 재산까지 바치니, (막정은) 공이 큰 노비로구나!"(『쇄미록』)

이처럼 양반이 노비의 재산을 상속한 경우가 비일비재했다. 1688년(숙종 14)과 1799년(정조 23)에 작성된 부안김씨 고문서에도 주인(김씨)이 노비에게 전답을 받은 사실이 확인된다.

16세기를 끝으로 노비를 이용한 조선 사회의 연안개발도 끝이 났다. 그때 서양에서는 대항해시대가 본격적으로 시작되어, 사탕수수를 재배하는 대농장의 시대가 열렸다. 흑인 노예노동이 서구 경제를 이끄는 동력으로 부상했다. 19세기 수천만 명에 달하는 아프리카 흑인 노예들이 대서양을 건넜다. 노예로서 그들이 겪어야만 했던 모진 고난은 링컨 대통령의 노예해방에도 불구하고 쉬 끝나지 않았다. 인간이 다른 인간을 멋대로 착취하는 비극은 시공간의 변화에 따라 겉모습만 달라질 뿐이 아닌가 싶을 정도다. 사회적 약자에 대한 억압과 착취의 악습은 곳곳에 살아 있다.

09

조선의 서자 차별이
유난히 심했던 이유

◇
◇
◆

서자는 상속에서 배제되거나 제한을 받았다. 서양에서도 그랬고, 중국과 한국에서도 여러모로 푸대접을 받았다. 서자란 정식 결혼관계에서 태어나지 않은 아들을 말한다. 이른바 정처正妻에게서 태어나지 않은 아들이다. 조선시대 식으로 말하면, 혼서婚書를 받지 못한 여성이 낳은 아들이다. 소설 『춘향전』의 주인공 춘향이 이몽룡과의 사이에서 아들이 태어났더라면, 영락없이 서자가 될 것이었다. 한국과 중국 등에서는 첩을 거느리는 것이 합법적인 일이었다. 그러나 서양에서는 불법이었고, 도덕적 비난의 대상이었다. 그래서 서양에서는 서자를 '불법적인 아들illegitimate son'이라 한다.

세상의 자원은 유한하다. 때문에 양적으로 제한된 자원, 곧 재산을 모든 자녀에게 골고루 나눠주는 것은 어리석은 일이라고 여기는 사람이 많았다. 서자가 상속에서 불이익을 감수하게 된 배경이 거기 있었다.

천재 화가 레오나르도 다빈치도,
정복자 피사로도 서자

서양에서는 서자로 태어났기 때문에 도리어 새로운 인생을 개척하거나 큰 업적을 남긴 이들도 상당수였다. 르네상스 시대를 주름잡았던 화가 레오나르도 다빈치(1452~1519)도 그 가운데 하나였다.

레오나르도는 서자였기 때문에 공식적인 교육을 받지 못했다. 아버지의 직업도 계승하지 못했다. 그의 아버지는 화려한 상업도시 피렌체의 공증인이자 지주인 세르피에르였다. 어머니는 농촌마을 빈치 출신의 평범한 여성이었다. 레오나르도의 어머니는 다섯 살짜리 아들을 놔둔 채 다른 사람과 결혼했다.

아버지 세르피에르는 레오나르도를 직업학교에 보냈다. 나중에는 피렌체에서 공방을 경영하고 있던 친구 안드레아 델 베로키오의 문하로 들여보냈다. 레오나르도는 고된 수련 끝에 스승을 넘어서는 화가로 성장했다.

만일 서자가 아니었더라면, 레오나르도는 당당한 중산층의 일원으로서 공증인이자 지주가 되어 부를 누렸을 것이다. 그가 천재화가로 세상에 이름을 떨치게 된 배경에 서자 출신이라는 운명의 장난이 한몫을 했다. 의지의 인물 레오나르도는 화가로서 신분의 한계를 돌파했다. 통쾌하면서도 왠지 뒷맛이 조금 씁쓸한 일이다.

서양의 역사책을 뒤적이다 보면, 누구나 알 만한 인물들 가운데 상당수가 서자였다. 아메리카에 첫발을 디뎠다는 콜럼버스(1451~1506)도 서자였다고 한다. 16세기 아메리카 정복활동에 나섰던 스페인 사람들 가

서자로 태어난 레오나르도 다빈치와 콜럼버스

운데는 유독 서자가 많았다. 잉카를 멸망시킨 피사로(1475~1541)가 대표적이다. 그는 귀족인 아버지와 천민 어머니 사이에서 서자로 태어나 돼지를 키웠다. 문맹이기도 했던 피사로는 미래가 불투명했기 때문에, 신대륙으로 진출하는 모험을 선택했다.

프랑스혁명을 지지했던 서자들

1789년 프랑스대혁명이 일어났고, 정국이 오랫동안 혼미를 거듭했다. 그러던 중 나폴레옹(1769~1821)이 집권하면서 정치적 안정을 회복했다. 나폴레옹은 유럽 여러 나라를 차례로 정복하며, 독점과 세습이라는 기존의 관습을 타파했다. 귀족의 서자들이 열광했다.

러시아의 문호 톨스토이(1828~1910)는 그 시절의 분위기를 『전쟁과 평화』에 사실석으로 기술했다. 소설에 보면, 서자인 피에르 베즈호프는 재력가였음에도 나폴레옹을 숭배했다. 나폴레옹이 세습을 부정했기 때문이다. 나중에 피에르는 전쟁의 참혹함에 치를 떨며 나폴레옹을 증오하게 된다. 그러나 처음에는 달랐다.

본래 유럽에서는 왕의 서자들조차 상당한 차별을 받았다. 영국 왕 찰스 2세(재위 1660~1685)에게는 서자 몬머스Monmouth(1649~1685) 공작이 있었다. 그러나 왕위는 찰스 2세의 동생 제임스 2세(1633~1701)에게 돌아갔다. 불만을 품은 몬머스 공작은 반란을 일으켰으나 실패하고 말았다.

당시 일반 귀족의 서자들이 어느 정도 차별을 감수했다는 점은 길게 설명할 필요가 없는 일이다.

왕의 총애를 받은
공식적인 '정부'들

서양의 왕은 정부情婦를 두어 정념을 해소했다. 절대권력을 자랑하던 왕과의 은밀한 사랑이 정부에게는 커다란 유혹이었다. 16세기부터 유럽의 왕실에는 '왕의 공식적인 정부'가 등장했다. 이를 메트레상티트르Maîtresse-en-titre라고 불렀다.

왕의 정부는 사신과 왕을 위해 정치적 음모에 가담했다. 그 대가로 권력과 막대한 재물을 얻기도 했다. 그러나 변덕스러운 왕의 총애가 사라지는 날이면, 하루아침에 비참한 신세로 전락했다.

19세기 독일 바이에른의 왕 루트비히 1세의 정부였던 로라 몬테즈가 생각난다. 아일랜드 출신의 무용수요 연극배우였던 로라, 그녀는 실로 당대 최고의 남성들과 숱한 염문을 뿌렸다. 러시아 황제 니콜라이 1세

프랑수아 부셰, 〈퐁파두르 부인 초상〉

를 비롯해 유명 작가였던 알렉상드르 뒤마와 빅토르 위고도 한때는 그
녀의 애인이었다.

바이에른의 루트비히 1세는 로라에게 눈이 멀어 막대한 재정 지출도
마다하지 않았다. 심지어 국가의 중요한 결정을 내릴 때도 로라에게 의
견을 물었다. 국가는 곧 위기에 빠졌다. 신변이 위태로워진 루트비히 1
세는 아들에게 왕위를 물려주어, 백성들의 불만을 겨우 달랠 수 있었다.
왕은 로라를 버렸다. 국외로 추방된 로라는 영국과 미국을 전전했다. 더
러 그녀의 허세가 통하기도 했으나, 결국은 완전히 추락하고 말았다. 그
녀는 가난 속에서 쓸쓸한 최후를 맞았다.

프랑스 왕 앙리 4세(1553~1610)는 50명도 넘는 정부를 두었나. 특히
총애했던 여자는 가브리엘 데스테레(1573~1599)였다. 그녀는 왕에게 3

명의 서자를 안겨주었고, 넷째를 출산하던 중 사망했다. 앙리 4세에게는 여러 명의 서자들이 있었다. 그러나 왕위는 두 번째 왕후였던 마리 드 메디치(1573~1642)와의 사이에서 낳은 정식 왕자(루이13세)에게 물려 주었다. 메디치 가문이라면 당대 최고의 은행가요, 이탈리아 최고의 명문가였다.

역사상 가장 이름난 정부는 퐁파두르 부인(1721~1764)이다. 그녀는 프랑스 왕 루이 15세(1715~1774)의 정부였다. 그녀의 미모는 프랑수아 부세가 그린 초상화와 함께 영원히 기억될 것이다. 퐁파두르는 건축, 예술, 문학 등에 박학다식했다.

그녀는 살롱문화를 이끌었으며, 후작의 지위를 가지고 프랑스의 국가 재정을 주물렀고, 도처에 자신의 저택과 성곽을 지었다. 현재 프랑스의 대통령 관저인 엘리제궁도 본래는 그녀의 저택이었다.

퐁파두르 부인은 정치에도 강한 입김을 행사했다. 특히 쇼아죌을 외무대신과 국방대신에 임명하여 사실상 국정을 총괄하게 했다. 그녀의 치마폭에서 정사가 결정되는 지경이었다. 그녀는 한 시대를 좌우하는 막후 실력자였다.

이것은 좀 다른 이야기지만, 마담 퐁파두르가 불감증이라는 소문도 있었다. 당대 사람들의 전언에 따르면, 마담은 성적 접촉을 기피했다고 한다. 그녀는 자신을 대신해 루이 15세의 정욕을 충족시켜줄 여인을 직접 고르기도 했다니, 믿기 어려운 말이다. 43세를 일기로 그녀가 세상을 뜨자, 루이 15세는 비탄에 젖어 무려 한 달 동안이나 국정을 돌보지 않았다.

중국에 서자 차별이
없었던 이유

중국 황제의 권한은 막강했다. 서양의 절대군주와는 비교할 수 없이 강했다. 황제의 권력이 절대적이었던 중국 사회에서는 서자 차별이 심하지 않았다. 황제들은 자신의 통치를 도와줄 인재의 출신배경이 넓으면 넓을수록 좋다고 믿었다.

중국의 황제는 왕후가 낳은 적자嫡子든 후궁이 낳은 서자든 상관없이 작호爵號를 주었다. 그들은 열 살 전후에 황제의 아들이라는 존귀한 존재를 공식적으로 인정받았다. 만일 황실에 마땅한 적자가 없다면 황위는 서자에게 전하는 것이 당연한 일이었다.

동치제 초상

1861년에 청나라 함풍제(1831~1861)가 세상을 떠났다. 그러자 황제의 서자, 곧 의귀비懿貴妃의 아들 재순載淳이 보위를 계승하여 동치제(1856~1875)가 되었다.

동치제의 나이가 어려서 섭정 공친왕이 실권을 쥐었다. 공친왕 또한 황실의 서자였다. 공친왕 애신각라愛新覺羅 또는 혁흔奕訢(1833~1898)은 도광제의 서자였다.

중국에서 서자가 처음으로 황제로 즉위한 것은 기원전 3세기였다. 진시황의 서자 호해胡亥(기원전 230~기원전 207)는 황제의 열여덟번 째 아들이었으나, 조고趙高의 간계에 힘입어 2세 황제가 되었다.

중국은 일반 가정에서도 가부장의 권력이 절대적이었다. 결혼한 여성의 성도 바꿀 정도였다. 사회 변화가 극심한 현대에도 중국에서는 왕씨 성을 가진 여성이 이씨 성을 가진 남성과 결혼하면, 이왕李王이란 성을 쓰는 경우가 있다. 중국은 철저히 부계사회였기 때문에 모계의 사회적 지위가 자녀에게 영향을 미치지 못했다.

서양을 비롯하여 이슬람 사회와 일본에서도 결혼한 여성은 남편의 성을 따른다. 그런 점에서 여성이 결혼 전 성을 그대로 사용하는 한국 사회는 예외적이다.

서자 출신으로 사회적으로 성공을 거둔 중국인은 많았다. 명나라와 청나라 때 내각태학사內閣太學士라는 높은 벼슬을 지낸 이들의 과반수가 서자였다.

일부에서는 명나라 때 서자 차별이 심했다고 주장한다. 근거가 부족한 말이다. 16세기 명나라에 사신으로 다녀온 조헌趙憲(1544~1592)은 자신이 목격한 명나라의 실상을 아래와 같이 보고했다.

"성헌成憲은 비첩婢妾의 아들이지만 편수관編修官에 임명되었습니다. 중국에서는 인재를 기용할 때 문벌이나 지위를 따지지 않기 때문입니다."(조헌, 『중봉집』)

정확히 말해 성헌은 얼자孽子(어머니가 노비인 서자)였다. 그러나 그는

1568년(선조1) 명나라의 사신이 되어 황태자가 책봉되었다는 소식을 조선에 전했다. 나중에 그는 한림원검토翰林院檢討가 되는 등 요직에 기용되었다. 이런 일은 당대의 조선 사회에서는 불가능했다.

조선의 수많은
홍길동들

고소설『홍길동전』에서 주인공 홍길동은 홍정승의 얼자로 태어났다. 그는 아버지를 아버지라 부르지 못하고 형을 형이라 부르지 못하는 신세였다. 가정의 분위기에 따라 서자 차별에 상당한 편차가 있었다고 하지만, 대세는 '차별'이었다.

『경국대전』은 상속에 관한 항목에서, '양첩자녀良妾子女', 즉 양인 신분의 첩이 낳은 서자녀는 '적자'의 7분의 1만 받도록 정했다. 천첩자녀賤妾子女에 대한 차별은 더욱 심했다. 그 경우에는 적자의 10분의 1만 상속받을 수 있었다. 그런데 17세기 이후 서자(얼자 포함)의 재산 상속은 법규정보다도 축소되었다.

서자는 벼슬길에 나아갈 수도 없었다. 예외를 인정받아서 과거시험에 응시할 수 있었으나, 설사 합격해도 요직에 등용될 가능성은 없었다.

서자 차별은 도를 넘었다. 당시 향촌에서 지도층으로 행세하려면 「향안鄕案」, 「유안儒案」 등의 명부에 이름을 올려야 했다. 그러나 서자에게는 그런 기회가 주어지지 않았다.

어려움을 뚫고 생원이나 진사시험에 합격해 성균관에 입학한 서자에게도 고난의 가시밭길이 이어졌다. 그들은 성균관에서도 적자 출신인

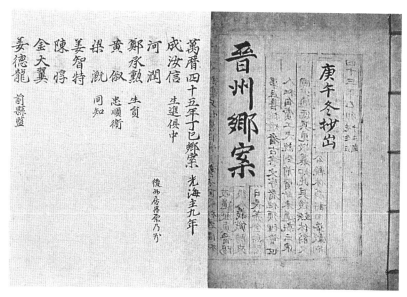

진주 향안(광해 9년)

양반들과는 나란히 앉지 못했다.

　조선 사회의 지나친 서자 차별에 분노한 왕도 있었다. 무수리의 아들
로 알려진 영조였다. 정조 역시 서자들의 한을 풀어주려고 했으나, 기득
권층의 반발에 부딪혀 별로 성과를 내지 못했다.

　고려시대에는 서자를 차별하는 풍습이 없었다. 태종 때 대신 서선徐選
(1367~1433)의 선의로 차별이 시작되었다고 한다.

　그런데 조선 건국에 중추적 역할을 했던 정도전(1342~1398)이 서자였
다. 개국공신 조영규, 태종의 명신 하륜, 개국공신 함부림도 서자였다.
사육신으로 이름난 성삼문이 고려의 문신 차원부를 위해 쓴 글에 그렇
게 나온다(이긍익, 『연려실기술』 제3권).

　세종대의 명신 황희(1363~1452)도 서자라고 한다. 사관 이호문李好問

세종대의 명신 황희도 서자였다는 기록이 있다.

이 남긴 사초史草에 이런 구절이 있었다. "황희는 황군서黃君瑞의 얼자孽子다."

"황희 또한 일찍이 스스로 말하기를, '나는 정실正室의 아들이 아니다'라고 했다"(『단종실록』, 단종 즉위년 7월 4일)는 기록도 있다. 황희의 출신에 대해서는 논란의 불씨가 남아 있다.

분명한 사실은 15세기 초까지도 서자 차별의 악습이 그다지 심하지 않았다는 것이다.

양심적 지식인들, 서자 차별에 반대하다

서자 차별이 완고한 관습으로 자리 잡은 것은 16세기였다. 조헌은 차별의 시원을 고려 후기로 올려 잡았다. 권세가들이 자기 자손에게 정치적 특권을 물려주기 위해 신진세력의 등장을 가로막았다는 것이다(『중봉집』).

대체로 조선의 양심적인 지식인들은 차별의 완화를 주장했다. 가령 심수경(1516~1599)은 다음과 같이 탄식했다.

"국법國法에 서얼은 과거를 보지 못하도록 제한하고 있으나, 이는 옛날에 없던 일이다. 당초 이런 법을 세운 뜻이 무엇인지 모르겠다. 근래에 벼슬길을 열어주자는 의론이 여러 번 있었으나, 결국 행해지지 않고 있다. 이 또한 무슨 이유인지를 모르겠다."(심수경, 『견한잡록遣閑雜錄』)

18세기의 실학자 유수원(1694~1755)은 기득권층인 문벌門閥에게 그 책임을 물었다. 그는 이렇게 주장했다.

"송나라 이후로 중국에서는 문벌의 높고 낮음에 따라 인재를 쓰고 버리는 법이 없어졌다. 오직 우리 왕조(조선)만 고려의 나쁜 풍속을 좇아 오늘에 이르고 있다."(유수원, 『우서』 제2권)

과연 15세기 이래 중국에서는 두부 장수와 머슴의 아들도 학업에 정진해서 가문을 일으키는 경우가 있었다.

조선 사회에서도 변화가 나타나기는 했다. 18세기 후반 서자들이 연명聯名으로 상소를 올려 억울함을 호소했다. 1772년(영조 48) 12월 28일자 『영조실록』에 보면, 경상도의 서얼 김성천金聖天 등 3000여 명이 자신들도 고향의 「향안鄕案」에 이름을 올릴 수 있게 해달라고 간청했다.

19세기 후반 서자들은 『규사葵史』라는 책을 간행하여 자신들의 억울함을 호소했다. 지방에 따라서는 사회적으로 성장한 서자들의 가문이 등장했다. 여러 집안의 족보와 향촌의 향안에서 서얼 차별의 관행이 사라지기도 했다.

구한말의 서자 김가진은 일본어, 중국어, 영어에 능통했다. 1894년 그는 군국기무처의 일원으로서 갑오개혁을 주도했다. 이제 적어도 법 앞에서는 누구나 평등한 세상이 되었다.

돌이켜보면, 서자 차별은 기득권층이 권력과 재산을 독점하기 위해 창안한 사회적 장치였다. 황제의 권력이 유난히 강했던 중국에서는 이런 제도가 별로 힘을 발휘하지 못했다. 끊임없이 식민지를 확대하고 새로운 시장을 개척하는 데 성공한 서구 사회에서도 서자 차별은 한정적이었다. 본래 자원이 유한한데도, 지배층의 비율이 다른 나라보다 월등히 높았던 조선 사회(유럽의 귀족층은 1~3퍼센트, 조선 후기 양반층은 30퍼센트 이상)에서는 차별의 양상이 심각했다.

오늘날 한국 사회를 괴롭히고 있는 청년실업 같은 현안도 서자 문제와 비슷한 점이 있다. 적서차별은 본질적으로 서자들이 아버지의 사회적 신분과 정치적·경제적 지위를 세습하지 못하게 막으려는 일종의 상속전쟁이다. 청년실업도 비슷한 맥락으로 풀이된다. 일자리는 한정되어 있는데 취업하려는 사람이 한꺼번에 몰리자, 학벌과 스펙을 내세워 특정한 집단에게만 일자리를 몰아주려고 하는 전략인 것이다. 우리 사회는 과연 새롭고도 낡은 이 문제를 어떻게 풀지 궁금하다.

지나간 역사를 염두에 둘 때, 나는 이 문제 또한 시민사회의 각성을 통해 해결될 수 있다고 믿는다. 조선 사회에 짙은 그림자를 드리웠던 서자 차별도 결국에는 거센 사회적 요구에 밀려 완화되었던 사실을 직시할 필요가 있다. 역사는 결코 그대로 되풀이되는 법이 없지만, 잘 찾아보면 비슷한 일은 거듭 발견된다.

10

명문가는 왜
차남을 성직자로 만들었을까

◇
◇
◆

부귀다남富貴多男이라 했다. 재산도 많고, 지위도 높고, 아들이 많으면 큰 복이라는 말이다. 앞의 두 가지는 맞는 말이다. 그러나 아들이 많은 것도 복일까. 슬하에 자녀가 많으면 여러 가지 문제가 생기지 않는가.

전통시대에는 산아제한을 위한 뾰족한 방법이 없었다. 건강한 부부 사이에서는 수시로 자녀가 출생했다. 19세기 유럽의 가정에서는 평균 10명 이상의 자녀가 출생했다. 조선시대의 부부는 5~6명의 자녀를 낳았다. 문제는 다자녀가 빈곤의 직접적 원인이었다는 점이다.

잉여인구를 어떻게 관리했을까. 동서양 어디서나 사찰, 수도원 등 종교기관의 역할이 눈부셨다. 왕족부터 평민까지 부모들은 자녀를 종교기관에 위탁했다. 그것은 신앙심의 표현일 뿐만 아니라, 위기관리의 수단이었다. 때로는 부와 권력을 지키고 강화하는 수단이기도 했다.

사찰은 사회경제적 문제의
탈출구

선종禪宗의 역사책으로 『오등회원五燈會元』이란 책이 있다. 거기에 "일자 출가一子出家 구족승천九族升天"이란 구절이 나온다. 아들 하나가 스님이 되면, 고조할아버지부터 현손(손자의 손자)까지 9대가 극락에 간다는 말이다. 많은 중국인들은 이 구절을 되뇌며 자녀를 절간에 맡겼다. 그렇게 출가한 사람들 가운데는 먹고살기가 어려운 집안의 아이들이 많았다.

후세가 다성茶聖, 즉 '차의 성인'이라 부르는 육우陸羽도 그러했다. 그는 당나라 때 복주複州 경릉竟陵(현 후베이성 톈먼시) 출신이었다. 부모는 세 살 된 그를 호숫가에 버렸다. 흉년이 들어 아이를 제대로 키울 수가 없었기 때문이다.

용개사龍盖寺 주지 지적선사智積禪師가 그 아이를 데려다 길렀다. 선사는 자신의 성을 아이에게 붙였다. 그리하여 육씨가 되었다. 이름은 점卜을 쳐서 얻은 괘를 따라 '우羽'라고 했다.

그런데 육우는 세상 학문을 배우고 싶어했다. 주지스님은 그가 다른 생각을 하지 못하도록 차에 관한 모든 일을 육우에게 맡겼다. 얼마 뒤 그는 용개사를 빠져나와 배우가 되었고, 희극『학담謔談』을 저술하기도 했다.

그는 경릉태수 이제물李齊物의 눈에 들어 본격적으로 학문을 배웠다. 고승 교연, 이름난 서예가 안진경 등과도 교류했다. 이름이 조정에까지 알려져, 태자문학太子文學과 태상사태축太常寺太祝 등의 버슬에 임명되기도 했다. 하지만 그는 일체의 관직을 사양했다. 780년(건중 1) 육우는 마음껏 차를 연구하여 일가를 이루었다. 자신의 연구 성과를 정리하여『다경』3권을 완성했다. 후세는 그를 '다선茶仙', '다신茶神', 또는 '다성'이라 칭송했다. 애초 육우는 가난 때문에 부모가 버린 아이였다. 지적선사가 그를 거두어 기르지 않았더라면, 중국 차의 역사가 완전히 달라졌을지도 모른다.

14세기에 명나라를 세운 주원장(1328~1398) 역시 비슷한 경로를 밟았다. 그도 굶주림에서 벗어나기 위해 출가했다. 그의 조상은 강소성 패현沛縣 출신이었으나, 부모는 먹고살기가 어려워 거기서 북쪽으로 이주했다. 안휘성 사람이 된 것이다. 어렸을 때 주원장은 황각사皇覺寺라는 절을 찾아가서 놀았다. 주지 스님이 주원장의 재주를 알

명나라 태조. 어린 나이에 고아가 된 주원장은 절에서 자랐고, 나중에 중국을 통일해 명나라의 초대 황제가 되었다.

아차리고 글을 가르쳤다. 그는 기억력이 비상해 고전을 금세 외웠다.

주원장이 열일곱 살 때 심한 가뭄이 들었다. 메뚜기가 창궐하고 전염병까지 돌았다. 수개월 만에 주원장은 부모와 형을 전염병으로 잃었다. 오갈 데가 없어진 그는 황각사에 의탁했다. 그는 승려가 되어 아침 일찍 마당을 쓸고 향불을 피웠다.

그런데 흉년이 너무 심각해 황각사도 지탱할 수 없을 정도였다. 주원장은 탁발승이 되어 절을 떠났다. 그렇게 3년을 보낸 다음 상황이 좀 나아지자 다시 황각사로 돌아갔다.

그때 친구 탕화湯和가 편지를 보내 홍선적에 가담하라고 권유했다. 친구는 이미 곽자흥의 부하가 되어 있었다. 주원장도 그 밑으로 들어갔다.

그는 강적을 만나도 두려워하지 않고 맨 앞에서 싸웠다. 곽자흥은 주원장이 영리하고 대범하다는 사실을 알고 총애했다. 곽자흥은 스물한 살 된 양녀와 주원장을 결혼시켰다.

1355년 3월 곽자흥이 죽자 주원장은 그의 후계자가 되어 홍건적 한 무리를 거느리게 되었다. 그는 유생 주승朱升의 충고를 받아들였다. "담을 쌓고 식량을 비축해두면 결국에는 왕으로 불리게 된다." 1368년 주원장은 마침내 혼란에 빠진 중국을 통일하고 명나라의 초대 황제가 되었다(재위 1368~1398).

중국의 승려는 고아나 가난 때문에 버려진 아이들이었다는 주장을 하려는 것은 물론 아니다. 그러나 한 가지 분명한 사실은, 사찰이 과도한 인구 증가 또는 경제사회적 문제로 인해 곤경에 처한 많은 사람들에게 탈출구를 제공했다는 것이다. 절로 피신한 사람들 중에는 육우와 주원장의 경우에서 보듯, 역사와 문화에 공헌한 인물도 적지 않았다.

메디치 가문에게 성직은 후방기지

서양의 지배층은 가문의 특권을 오랫동안 유지하기 위해 자녀 수를 엄격히 제한했다. 일종의 불문율이었다. 중세의 귀족 자제들은 만혼晚婚을 선호했다. 상속자가 확보되면 일찌감치 부부간의 성생활을 중단하는 경우도 많았다. 자녀 수가 많아지면 재산이 흩어져 몰락할 수도 있기 때문이었다. 평민들에게도 비슷한 문화가 있었다.

그러나 아무리 조심해도 임신을 완전히 피할 수는 없었다. 1420년대 이탈리아의 부유한 도시국가 피렌체에는 인노첸티 보육원Ospedale degli Innocenti이 설립되었다. 설립 주체는 부유한 상인조합이었다. 이 기관은 보육원이자 신생아 병원이기도 했다. 매춘부들을 포함하여 각계각층의 사람들이 버린 아이들을 수용했다. 그 가운데는 사제들이 부적절한 성관계를 해서 태어난 사생아도 상당수였다. 보육원에서는 이 아이들을 키워 피렌체의 자랑인 직물공장의 노동자, 귀족 가문의 하인, 또는 수녀가 되게 했다.

당시 피렌체 최고의 귀족 가문은 메디치였다. 그들에게는 상당수의 서자가 있었다. 서자는 혼외관계에서 출생했기 때문에 가문의 떳떳한 상속자가 될 수는 없었다. 메디치 가문의 서자 가운데 상당수는 성직자가 되어 부와 권력을 누렸다. 카를로 디 코시모 데 메디치(1428/1430~1492)가 바로 그 경우에 해당한다.

그의 아버지는 코시모 데 메디치였다. 어머니는 베네치아 출신의 여종 마달레나였으니 사생아였다. 아버지는 그를 위해 특별한 계획을 마련했다. 1450년 카를로는 피렌체 대성당의 성당 참사회 회원이 되었다. 이후 성직자가 되어 큰 성당의 주임사제를 지냈고, 수도원장에 임명되었다. 가문의 힘이었다. 나중에는 토스카나 지역에 파견된 교황청 대사를 거쳐, 로마 근처에 있는 프라토 대성당의 주임사제를 지냈다. 성직을 통해 메디치 가문의 서자가 출세의 기회를 잡은 것이었다.

메디치 가문의 아들 중에는 성직에 나아가 부와 권세를 누린 경우가 많았다. 형제가 많아 세속의 부를 함께 나누기 어려울 경우, 그들은 일찌감치 수도원으로 직행했다. 교황 레오 10세(재위 1513~1521)의 삶도 그러했다. 그의 이름은 조반니 데이 메디치Giovanni dei Medici였다. 1475년 그

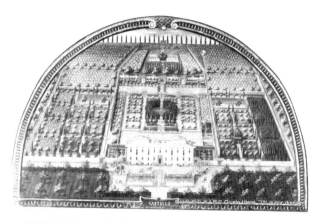

이탈리아 르네상스 시기에 피렌체 통치자로 군림했던 메디치 가문의 정원 풍경

는 메디치 가문에서 출생했고, 약관 17세에 이미 추기경이 되었다. 가문의 영향력 덕분이었다. 그는 박학다식했고, 가문의 전통에 따라 예술을 애호했다. 알폰소 페트루치 추기경이 이끄는 반대파에게 독살될 뻔했으나, 위기를 극복하고 교황에 등극했다. 그의 재임 기간 중에 루터의 종교개혁이 발생하기도 했다. 1520년 6월 15일 루터를 파문한 것은 바로 레오 10세였다. 역사가들은 대체로 그를 심하게 비판한다. 돈 많은 메디치가 출신이라서 그랬는지 그는 성직을 매매했고, 사치를 일삼아 교황청의 재물을 흥청망청 낭비했다는 것이다.

메디치 가문에서는 성직을 일종의 후방기지처럼 사용하기도 했다. 페르디난도 1세(1550~1610)의 경우가 대표적이다. 그는 토스카나의 제2대 대공작 프란체스코 1세의 동생이었다. 형이 대공작의 지위를 세습할 것이 예정되어 있어, 그는 이를테면 잉여의 아들이 되었다. 일찌감치 출가하여 열세 살에 벌써 추기경이 되었다. 약관 16세에는 교황청의 유력인사가 되어 교황을 선출하는 콘클라베에도 참석했다. 그런데 형인 대공

벨라스케스, 〈인노첸시오 10세 초상〉

작이 후사 없이 46세에 사망했다. 그 바람에 토스카나의 대공작 자리를 계승하게 되었다. 1587년 성직을 떠나 환속한 그는 대공작이 되었다. 그때 나이 38세였다. 무려 20여 년 동안 성직에 있다가 귀환한 것이다.

그만큼 드라마틱하지는 않으나, 잔 카를로 데 메디치(1611~1663)는 뒤늦게 성직에 발탁된 경우였다. 그는 대공작 코시모 2세의 차남이었다. 장군으로 이름을 날려, '스페인 바다의 장군'이라는 별명까지 얻었다. 그런데 교황 인노첸시오 10세의 눈에 들어 추기경으로 발탁되었다. 사실 잔 카를로는 성직자로는 부적절한 인물이었다. 1655년 그는 교황의 명령으로 스웨덴의 여왕 크리스티나를 접대하게 되었는데, 여왕과 염문을 뿌려 교황청을 곤란하게 만들었다. 그는 추기경이 된 후에도 방탕한 생활로 악명이 높았다. 그럼에도 그의 형 페르디난도 2세는 방탕한 동생에게 토스카나의 재정 운영을 믿고 맡겼다.

상속자가 되지 못한 아들은
고위 성직자로

동서양을 막론하고 특권 지배층은 사원을 재산은닉의 수단으로 삼는 경우가 많았다. 사원에는 넓은 경작지와 상당한 분량의 금은보화가 있었다. 특권층이 이를 놓칠 리가 없었다.

내친 김에 피렌체 이야기를 좀 더 해보자. 아직 메디치 가문이 등장하기 전인 11세기 초반의 일이었다. 유럽 어디서나 왕족과 귀족들은 작위를 계승하지 못할 잉여의 자식들을 고위 성직자로 만드는 것이 풍습이었다. 고위 성직자는 가문의 영광을 보장할 뿐만 아니라, 재산도 증식할 수 있었다. 피렌체에서도 사정은 마찬가지였다. 알리브란도 주교가 그 도시에서 제일가는 부자였다. 주교는 십일조를 거둬들였고, 피렌체 도심에 많은 상점을 소유하고 있어 임대료 수입이 적지 않았다. 인근 농촌의 드넓은 농지에서도 쏠쏠하게 임대료가 나왔다. 게다가 도시에서 거래되는 상품에 세금을 부과해 넉넉한 수입이 보장되었다. 주교는 피렌체의 사법권까지 장악하고 있어 부러울 것이 없었다.

알리브란도 주교는 본래 피렌체 동남쪽에 있는 볼테라의 유력 가문 출신이었다. 그는 당시 이탈리아의 왕이자 독일 황제였던 하인리히 2세(재위 1002~1024)에게 뇌물을 주고 주교 자리를 얻었다. 알리브란도는 부인과 함께 슬하에 4명의 아들을 거느리고 주교 관저에서 떵떵거리며 살았다. 그는 사제직도 돈을 받고 마음껏 팔았다. 부패한 주교의 모습에 실망한 수도사들이 불복종을 선언했다.

그러자 주교는 도리어 순교자 미니아토를 기념하는 수도원을 지어

피렌체 최초의 순교자인 성 미니아토를 기념하기 위해 지어진 성 미니아토 수도원.

자신의 지위를 더욱 강화했다. 미니아토는 피렌체 최초의 순교자였다
(250년경). 알리브란도 주교는 자신의 개인재산을 기부해 수도회를 만듦
으로써, 다른 종교단체들이 이 수도원의 운영에 간섭하지 못하게 했다.
그러고는 자신의 아들에게 수도원의 재산관리를 맡겼다. 그의 후손들은
주교가 물려준 부동산에서 생기는 수익금을 계속해서 가져갔다. 주교가
수도원을 세우고 자신이 기부한 것처럼 위장하는 행위는 후손들에게
재산을 물려주는 하나의 수단이었다. 알리브란도 가문은 200년 넘게 그
혜택을 입었다고 한다.

어디 이런 일이 피렌체에 국한되었겠는가. 유럽 각국은 물론이요, 이
슬람 지역과 동아시아 각국에서도 관찰되는 비리요 협잡이었다. 겉으로
보면 어디서나 성聖과 속俗의 차이는 커 보였다. 그러나 가까이 다가가
보면 도대체 어디에 차이가 있는지 알 수 없을 지경이었다.

세속적 욕망과
종교의 결합

불교국가였던 통일신라와 고려의 내부사정도 다르지 않았다. 허다한 왕자와 공주, 귀족과 평민의 자녀들이 절간에 의탁했다. 신앙심 때문만은 아니었다.

왕실의 경우 왕자들을 속세에 그냥 살게 하면 왕위다툼이 치열해질 가능성이 높았다. 그래서였겠지만 고려 문종은 3명이나 되는 왕자를 승려로 만들었다. 그중 넷째 아들이 유명한 의천義天(1055~1101), 즉 대각국사였다.

기록에 따르면, 의천은 열한 살에 출가를 자원했다고 한다. 1085년(선종 2) 그는 송나라에 유학하여 당대 최고의 승려들과 교류했다. 그 이듬해에는 자신이 수집한 불교 전적 3000여 권을 가지고 귀국했다. 의천은 천태교학을 정리하는 한편 주변의 여러 나라에서 4000여 권의 불서를 모았다. 이를 바탕으로『신편제종교장총록新編諸宗教藏總錄』3권을 편집했다.

의천은 흥왕사興王寺 주지를 역임했고, 1097년(숙종 2)에는 국청사國淸寺의 제1대 주지가 되어 천태교학을 가르쳤다. 그의 문하에서 교웅敎雄과 징엄澄儼 등 160여 명의 고승이 배출되었다.

귀족들도 앞다투어 절로 들어갔다. 명문가에서는 최소한 한 자녀가 출가했다. 가령 권세가 이자겸의 아들 의장義莊은 현화사 주지로서 전국의 승려를 통제했다. 그에게는 무려 300여 명의 승병僧兵이 있었다. 고려 사회는 귀족과 그 혈족인 승려들이 특권을 독점하는 양상을 보였다. 14세기 말 정도전 등은 이러한 불교의 폐단을 바로잡기 위해 대대적인 개혁의 필요성을 절감했다. 결국에는 이것이 조선 건국으로 발전했다고 해도 과언이 아닐 것이다.

불교 사원이 누린 특권은 중세 유럽과 다를 바 없었다. 왕실과 귀족들은 막대한 비용을 들여 사찰을 건립했고, 토지를 바쳤다. 사원의 경작지는 면세의 특권을 누렸다. 특권층은 사원에 경작지를 기탁했고, 농민들은 사원에 노동력을 제공했다. 왕실과 귀족들 중에는 사찰을 사유화하여 대대로 물려주기도 했다.

승려가 되었다가도 본가가 대를 잇지 못할 상황이 발생하면 환속하는 경우도 적지 않았다. 무인집권기의 최고 실력자였던 최충헌崔忠獻(1149~1219) 가문에서도 그런 예가 발견된다. 최항崔沆(?~1257)이 바로 그러했다. 그는 어머니가 기생이어서 처음에는 집안의 후계자 물망에 오르지 못했다. 일찌감치 송광사에서 출가해 쌍봉사에 머물렀다. 그런데 1248년(고종 35) 아버지 최우崔瑀에 의해 상속자로 지명되어 집으로 돌아왔다. 그 이듬해 아버지가 죽자 최항이 정권을 물려받았다. 그는 아버지의 정책을 계승하여 대몽 강경책을 썼다.

조선시대가 되자 이러한 관습에 커다란 변화가 왔다. 성리학을 국시國是로 삼은 조선에서는 지배층의 자녀들이 출가하는 일이 점차 사라져갔다. 이제는 '잉여인구'라 해도 부계혈연 조직인 문중의 일원으로서 특권적인 지위를 약속받았다. 그 결과 장기적으로는 특권층이 늘어나 양반의 위세가 약해지고, 가난한 양반이 양산되었다.

역사를 가만히 들여다보면 사원 또는 사찰은 여러 가지 세속적인 문제를 해결하는 전략적 수단으로 활용될 때가 많았다. 신분과 지위를 막론하고 많은 사람들은 잉여인구를 종교기관에 맡기는 경향이 있었다. 한편 기득권층은 종교기관을 사유화하여 재산을 은닉하기도 했고, 자신들의 사회적 영향력과 권력을 강화하는 방편으로 이용했다. 이론적으로 보면, 세속적 욕망과 종교는 대척점에 있는 것이 마땅하지만 실제로는 떼려야 뗄 수 없이 교직交織되는 일이 흔했다.

11

길드,
직업도 인맥도 물려준다

◇
◇
◆

인간사회에서 상속은 물질에 국한되지 않았다. 무형의 재산도 상속되었으며, 그 종류도 무척 많았다. 서양 중세의 길드guild는 구성원들에게 무형의 특권을 물려주었다는 점에서, 일종의 '의사擬似 상속제도'였다.

근대 이전 중국, 일본, 인도에도 길드, 곧 동업자조합이 있었다. 특히 인도의 상인 길드는 동서양의 교역을 통해 막대한 부를 축적했다. 중국의 상인 길드 역시 국내외 무역에서 지배권을 행사했다. 당나라 때 등장한 '행行'이 그것인데, 명나라 이후에는 더욱 특이한 형태로 발전했다. 중국의 대외 교섭창구에 해당한 광동 지방에 '공행公行'이 존재했다. 그것은 일종의 특허상인 길드로서 국제무역을 사실상 독점했다.

중국과 인도의 상인 길드는 구성원들의 과도한 경쟁을 규제하는 동시에, 교역권을 독점하기 위한 것이었다. 바로 그 점에서 그들은 서양의 상인 길드와 비슷했다. 조선시대에도 이러한 성격의 동업조합이 운영되었다.

그런데 유럽의 길드는 여타 지역의 길드와는 근본적으로 달랐다. 그들은 생산과 분배를 봉제함으로써 길드 구성원의 이익을 도모했을 뿐만 아니라, 도시 행정에도 깊숙이 관여했다. 유럽의 길드는 경제조직이자 정치조직, 아니 그 이상이었다.

중세 길드,
도시를 만들다

역사상 길드가 최초로 언급된 것은, 779년에 기록된 샤를마뉴 대제의 문서에서였다. 당시 길드는 대규모 주연酒宴을 담당하는 주체였다. 그들은 희생제물을 바치는 종교적 모임의 성격을 띠기도 했다. 길드는 공동제사와 공동주연共同酒宴의 조직으로 출발해, 구성원의 상호부조와 친목 도모, 사업 독점, 내부 경쟁 방지 등으로 활동 영역을 넓혀나갔다.

　중세 길드의 가장 큰 특징은 무엇이었을까? 사회적 네트워크를 구성해 대대로 물려주는 것이었다. 길드 구성원들은 종교, 사회, 경제적으로 긴밀한 협력관계를 유지했다. 그들은 자손 대대로 동일한 직업에 종사하면서 밀접한 통혼권을 형성했다. 자연히 그들은 대대로 각종 혜택을 독점하게 되었다. 그들은 자신들의 화합을 외부에 과시하기도 했다. 예컨대 길드의 누군가 사망하면, 모든 구성원이 장례식에 참석하여 내부 결속력을 보여주었다.

　여러 종류의 길드 중에서도 가장 먼저 성장한 것은 상인 길드였다. 상인들, 특히 원거리 무역에 종사하는 상인들은 중세 도시에서 일찌감치 시민으로 인정받았다. 그들은 도시 안의 일정 지역에 거주지를 정하고 촘촘한 인적관계를 형성했다. 그러고는 상인 길드를 조직하여 상호부조를 제도화했다.

　상인 길드가 최초로 출현한 나라는 영국이다. 윌리엄 1세(1028~1087)

의 정복 이후 노르망디(프랑스)와 잉글랜드 사이에 무역이 활발해지자, 상인 길드의 수가 빠르게 증가했다. 에드워드 1세(1239~1307) 때가 되면 무려 92개나 되는 상인 길드가 활약했다.

도시의 발달은 상인계급과 불가분의 관계였다. 상인들은 우선 성채, 수도원, 교회 부근에 자리를 잡았다. 이어서 그들은 성 밖에 거주하는 수공업자들과 함께 시장 부근에 집단 거주지를 형성했다. 이것이 점점 커져서 독립적인 도시로 발전하는 경우도 많았다.

길드는 정치적·사회적 출세의 도구였다. 길드를 운영하는 부유한 상인들은 도시의 재정에 기여했다. 때문에 상인 길드의 지도자들은 차츰 도시의 행정에 간섭하게 되었다. 그들 가운데 상당수는 결국 도시귀족patrician으로 발돋움하는 데 성공했다.

이탈리아의 무역도시에서 상인 길드의 약진은 더욱 눈부셨다. 12~15세기 이탈리아 중북부의 도시들은 동서무역의 중계자로서 막대한 부를 획득했다. 그들은 동남아시아와 인도에서 수입한 향신료를 독일 남부지방에서 출토된 은과 교환했다. 많은 이익이 발생하면서 그들은 신흥부호로 성장했다. 그들은 길드의 지도자에서 도시귀족으로 신분이 상승했다. 이른바 '신귀족'이 탄생한 것이다.

상인 길드를 지휘하던 거상들은 봉건귀족과의 혼맥婚脈도 개척했다. 그 상인들은 수단과 방법을 가리지 않고 노력한 결과, 중세 도시의 명실상부한 지배자로 떠올랐다. 그들 가운데는 도시 행정에서 절대권력을 행사하는 유력 가문도 드물지 않았다. 르네상스 시대 피렌체의 명가 메디치 가문도 모직업 길드와 은행업 길드를 통해 권력을 키워나갔다.

한 마디로 말해 부유한 상인 또는 은행가들은 길드의 중심축으로서

렘브란트, 〈포목상 조합의 이사들〉. 네덜란드 포목상 길드의 회의 장면을 그린 그림이다.

그들이 거주하는 도시의 지배권을 확보했다. 그들은 점차 자기네 도시를 도시 코뮌(도시공동체)으로 바꿔나갔다. 이탈리아의 많은 도시들이 이런 변화를 겪었다.

피렌체 와인 길드와
안티노리 가문의 역사

피렌체 이야기를 좀 더 해보자. 13~14세기 그 도시에는 안티노리Antinori라는 가문이 있었다. 이 집안이 피렌체에 살기 시작한 것은 13세기였다.

본래 그들은 토스카나 지방, 정확히 말해 피렌체와 프라토 사이에 있는 칼렌자노라는 작은 마을의 평민이었다. 그들은 조상 대대로 와인을 생산했으나, 1202년에 본거지를 상실했다.

피렌체로 이주한 뒤로는 비단 생산과 은행업에 종사했다. 1285년 안티노리는 피렌체의 비단 길드에 가입했다. 나중에는 은행 길드에도 가입했다. 피렌체의 여러 가문과 함께 정열적으로 길드를 키웠다. 그들은 길드 활동을 바탕으로 착실하게 사회적 성장을 거듭했다. 그리하여 메디치가와 어깨를 나란히 할 정도가 되었다.

1385년 안티노리 집안의 한 인물, 조반니 피에로 안티노리Giovanni di Piero Antinori는 사업의 방향을 선회했다. 다시 와인 제조업에 뛰어든 것이었다. 그는 와인 길드에 가입했고, 얼마 뒤에는 업계의 총아로 부상했다.

안티노리 와인은 명성을 얻었고, 덕분에 안티노리 가문은 15~16세기 피렌체를 대표하는 부호가 되었다. 포도주 유통업도 병행했는데, 결과는 대성공이었다.

당시 피렌체는 도시국가였다. 명목상으로는 공화국이었으나, 시정市政의 요직을 차지한 것은 소수의 유력한 귀족 집안과 길드를 배경으로 한 부호들이었다. 그들은 피렌체의 정치적·경제적 주도권을 둘러싸고 극심한 정쟁을 벌였다. 음모와 모략이 난무했다. 정적을 먼 곳으로 추방하거나 체포, 구금하는 일도 빈번했다. 이따금 암살사건도 일어났다.

안티노리 가문도 예외가 아니었다. 그들은 메디치가와 경쟁하고 싸우며 여러 차례 부침을 거듭했다. 도시국가 피렌체에서 지배권을 행사하려면 피할 수 없는 일이었다.

한때 안티노리 가문은 신대륙에서 유입된 막대한 금 때문에 파산지경에 이르기도 했다. 그러나 그들의 영화는 쉽게 시들지 않았다. 18세기에는 유럽 최강의 황실인 합스부르크 왕가의 인정을 받아 '후작' 가문으로 발돋움했다. 안티노리 가문의 와인은 지금까지도 세계적인 명성을 얻고 있다.

중세 대학도
길드였다

중세 유럽에는 대학universitas(영어 university)이 등장했다. 대학도 초기에는 일종의 길드였다. 11세기 이후 유럽 각국에 길드가 본격적으로 출현하자, 그 영향으로 교수조합, 학생조합 등 교육 길드가 구성되었다. 대학이 본격적으로 발전하기 전에 교수조합과 학생조합이 위세를 떨쳤으니, 우리로서는 감히 상상하기조차 어려운 일이다. 유럽 대학의 인기는 갈수록 높아져, 15~16세기에는 80개의 대학이 곳곳에서 성업했다.

　대학universitas은 '동업조합corporation', 즉 길드라는 뜻이다. 'universitas' 라면 보통 '일반연구소studium generale'라고 번역하지만, 여기서의 '일반'은 학문 일반을 뜻하지 않는다. 그것은 '일반인'이라는 뜻이다. 요컨대 대

유럽에서 가장 오래된 볼로냐대학. 학생들의 길드로 시작된 대학이다.

학을 뜻하는 '일반generale'의 함의는, 학문에 관심을 가진 사람이라면 누구나 참여할 수 있다는 의미였다. 대학, 곧 universitas는 학문에 관심이 있는 시민들의 동업조합, 곧 길드였다. 역사와 전통을 자랑하는 유럽 최고最古의 대학은 이탈리아의 볼로냐대학이다. 이 대학이 최초로 'universitas', 곧 길드라는 명칭을 사용했다.

대학은 본래 특권적 엘리트의 아성이 아니었다. 그것은 시민 모두에게 개방된 비非특권적 조직이었다. 소수의 특권 귀족뿐만 아니라 평민 중산층의 자제들이 교수와 학생의 대다수를 차지했다. 시민의 자유가 확대된 서양 근대에 접어들면서 대학은 '상아탑'이 되어 특권적 교육기관이 되었다. 그러다가 현대에 이르러 대학은 다시 본연의 위치로 돌아와, 일반시민의 교육을 담당하게 되었다.

길드의 양면성:
특권과 평등, 공존과 독점의 교차점

도시귀족이 위세를 떨치자 새로운 길드가 등장하여 그 위세에 도전했다. 모직물이나 견직물을 생산하는 '직인職人 길드craft guild, Zunft'가 그것이었다. 14세기 이후 북유럽의 여러 도시에서는 수공업자 길드가 귀족의 횡포에 저항하며 일종의 민주화를 이루었다. 그들 길드는 귀족의 간섭에 조직적으로 반발했고, 귀족이 행사하던 문화적 헤게모니를 빼앗기 위해 거금을 조성하여 문예를 장려했다.

이미 13세기부터 프랑스에서는 직인 길드가 성장해 자치권을 획득했다. 그들은 부유한 상인계급 출신의 도시귀족을 견제했고, '참사회'에 참여하여 시정을 개혁했다. 프랑스의 여러 도시에서 직인 길드는 참정권을 확보했다. 이웃나라인 네덜란드에서도 그러했다. 위트레흐트 등지에서 직인 길드가 눈부시게 성장했다. 한편 1363년 독일 뉘른베르크에는 1217명의 장인이 존재했는데, 그들은 약 50개의 길드에 속해 있었다.

직인 길드는 내부 경쟁으로 인해 구성원들의 사업이 망하지 않도록 다양한 조치를 취했다. 그들은 특정 업종의 영업권을 독점했고, 여러 규약을 제정함으로써 구성원들에게 일정 수준의 수입을 보장했다. 길드 구성원들은 원료를 공동구입하고, 장인master 휘하의 직인과 도제의 수도 1~3명으로 제한했다. 생산도구의 종류와 수도 제한했고, 노동시간까지도 통제했다. 또 완제품의 품질 검사를 의무화하고, 판매 가격도 미리 통일했다.

도제 수업 기간은 나라마다 달랐다. 영국은 7년, 독일은 3년, 그밖의 나라에서는 5년 정도였다. 수업을 마친 직인은 장인이 되기 전에 여러 도시를 편력하며 풍부한 경력을 쌓았다.

불변의 제도가 있어도, 인간의 역사는 늘 변한다. 14세기부터 길드의 세계에도 변화의 바람이 불었다. 독립된 업체를 소유하지 못하는 직인이 많아졌다. 그러자 그들은 직인 길드에 저항하는 세력이 되었다. 이에 직인 길드는 기득권을 지키려고 더욱 보수적인 노선으로 나아갔다.

직인 길드는 외부인이 동종의 사업에 뛰어들지 못하게 막았다. 또한 지역 독점권도 더욱 강화했다.

15세기 유럽의 시장은 더욱 위축되었다. 수공업자들의 생계도 악화되었다. 그러자 직인 길드는 구성원들의 생존권을 보장하기 위해 생산과 판매의 독점권을 강화했고, 길드의 가입 조건을 더욱 까다롭게 만들었다. 길드는 구성원들의 공생과 내부의 평등을 강조했으나, 그 내부는 양극화로 인해 갈등이 심했다.

종교적 의무
강요하기도

길드는 종교적 의무를 강요했다. 구성원뿐만 아니라 그들의 가족도 길드가 정한 복잡한 의례를 준수해야 했다. 심지어 길드에 속한 장인들이 사는 마을 사람들까지도 종교적 의무가 있었다. 길드는 그들의 수호성인을 모시는 교회를 지어놓고, 조합원은 물론이요 그 가족과 마을 사람들에게 출석하기를 강요했다. 또 수호성인을 기념하는 축제를 열어 마을 행사로 만들었다.

유럽의 도시를 들여다보면, 장인들과 도시의 밀접한 관계를 짐작하게 하는 거리 이름이 많다. 수공업이 활기를 띠면서 도시 곳곳에 제화공, 재단사, 제빵사, 목공, 석공, 대장장이 등이 집단거주지를 형성했다. 네덜란드 곳곳에는 '바커슈트라트Bakkerstraat', 곧 '빵 굽는 이들의 거리'가 있다. 중세 이래 제빵업자들이 밀집해 거주하던 곳이다. 또 '차델슈트라트Zadelstraat'도 있다. '말안장의 거리'란 뜻이다. 마구업자들이 한곳에 모여 살았던 것이다. 이처럼 일정 지역에 거주하던 수공업자들은 직인 길드를 통해 스스로의 생존을 지키고 발전을 꾀했다. 17세기 이후 독일에서는 대장장이를 뜻하는 '슈미트Schmidt'(영국에서는 '스미스Smith')라는 성姓이 널리 사용되기에 이르렀다. 그만큼 쇠를 나루는 수공업자가 많아졌다는 말이다.

구에르치노, 〈성모의 초상화를 전시하는
성 루가〉

　각종 직인 길드마다 수호성인이 있었다. 그 축일 행사에는 길드 사람
들이 모두 한곳에 모여 종교 예식을 올렸다. 길드의 수호성인이라니?
가령 화가들은 성 루가를 섬겼다. 제빵업자는 성 오노레, 금은 공방은
성 엘리기우스를 수호성인으로 삼았다. 그들 성인의 축일에는 길드의
교회당에서 기념 미사를 가졌다.

　수호성인이 어떤 방식으로 결정되는지 궁금하지 않은가? 성 루가는
성모상 및 그리스도의 초상을 그렸다는 전설이 있다. 이런 전설 때문에
루가는 화가 및 공예가들의 수호성인이 되었다. 14세기 중반부터 그러
했다. 이런 전통은 근세까지도 이어져 루가를 수호성인으로 섬기는 화
가 집단이 많았다.

　길드들 가운데는 종교적 색채가 유난히 강한 경우도 있었다. 길드는

경제적 · 정치적 · 사회적 네트워크였고, 그에 더해 구성원들에게 종교적 의무를 강요하는 일종의 의사가족제도로 기능하기도 했다는 말이다. 기독교 중심의 사회라서 가능한 일이었다.

화가 길드, 벨기에 왕립미술관의 모태

1382년 벨기에 안트베르펜에 사는 화가들은 길드를 조직했다. 수호성인 성 루가의 이름을 딴 '성 루가 길드Guild of St. Luke'였다. 이에 속한 화가들은 '화가들의 방'이라는 전시실에 모여 회의도 하고 그림도 그렸다. 그들은 자신의 대표작을 그 방에 걸어두었다. 1614년 루벤스 또한 화가들의 방에 〈앵무새와 성 가족Holy Family with Parrot〉이라는 그림을 기증했다.

훗날 성 루가 길드는 안트베르펜 아카데미라는 미술교육기관으로 바뀌었다. 벨기에 정부는 성 루가 길드에 소장된 작품들을 기반으로 왕립미술관을 건립했다. 루벤스의 그림도 이 미술관에 전시되었다. 유럽의 유수한 미술관 하나가 화가들의 길드에서 비롯되었다는 사실은 인상적이다.

자본주의 등장과 길드의 몰락

15세기가 되자 유럽 사회는 급속도로 변화했다. 수공업자의 수도 늘어났고, 업종도 더욱 다양해졌다. 직인 길드는 분열을 거듭했다. 아직 길드가 형성된 적이 없는 새로운 분야에서는 신종 길드가 구성되었다. 결국 길드의 수가 폭발적으로 증가했다. 독일의 경우 쾰른에 61개, 뤼베크와 뉘른베르크에 각각 50여 개의 길드가 있었고, 오스트리아 빈에도 80개가량의 길드가 있었다.

길드가 수적으로 급증하자 그들의 현실은 설립 목표에서 점점 멀어져갔다. 특히 일부 원거리 무역상들은 경제적으로 막대한 이익을 거두자, 길드 공동체의 현상유지 정책과 모순된 입장을 취하게 되었다. 그들이 도시의 지배자로 성장하면 할수록 그들은 특권집단이 되어갔다. 어쩌면 그들은 '시민'으로서 강한 자부심을 가지고 있었을지도 모르겠으나, 그들의 모습에서 '시민적' 이상을 기대하기는 어려웠다. 길드의 일부는 이미 귀족이 되어 있었다.

대부분의 구성원들은 연이은 추락을 경험했다. 길드 내부의 빈부격차는 날로 커졌다. 내부 갈등이 증폭되는 가운데 장인과 도제들 사이에도 이해관계가 노골적으로 충돌했다.

대항해시대의 개막에 이어 자본주의의 맹아가 본격적으로 꿈틀거리자, 길드가 처한 상황은 더욱 어려워졌다. 중세의 수공업과는 확연히 다른 공장제도가 등장했다. 이에 수백 년 동안 길드가 목표로 삼았던 생산과 영업의 독점권은 무너졌다. 동종업자의 평화로운 공생도 더 이상은 보장될 수 없었다. 마침내 길드는 역사적 사명을 다한 채 내리막길을 걷게 되었다. 이제 자본가의 등장과 자유경쟁은 필연적인 추세였다.

3부

상속과 젠더

상속제도는 복잡다단한 역사적 변천을 겪었다. 대부분의 사회에서는 어느 시점부터인가 여성에게서 재산권을 빼앗았다. 문명화가 빠른 속도로 진행된 사회일수록 여성들의 경제권을 일찌감치 박탈했다고 볼 수 있다.

여성은 정치활동에서도 철저히 소외되었다. 그리스, 로마 및 고대 중국의 여성들은 시간이 흐를수록 사회활동에 큰 제약을 받았다. 남성은 물질적 · 비물질적 자원을 송두리째 독점하기 위해서 여성을 '2등급 인간'으로 낙인찍은 셈이었다. 고대 그리스의 철학자 아리스토텔레스가 여러 차례 여성을 비하하는 발언을 되풀이한 것은 널리 알려진 사실이다. 그는『정치학』에서 "여성은 열등하다", "여성의 용기는 복종하는 데 있다"라고 주장했다.

여성에 대한 차별의 정도와 방식은 나라마다 달랐으나, 18세기경에는 대부분의 국가에서 여성(딸)을 적법한 상속자로 인정하지 않았다. 유교, 기독교, 불교, 이슬람교 등 주요 종교기관은 여성차별을 당연한 것으로 여겼다.

아래에서는 네 가지 주제를 가지고 상속과 젠더의 문제를 살펴볼 생각이다. 첫째, 기득권층이 결혼을 사회경제적 도구로 이용한 사실을 조금 자세히 알아보겠다. 특히 유럽 왕실의 결혼은 다국적기업을 방불케 했다는 점을 지적하고 싶다.

둘째, 역사상 여성의 이혼은 허락되지 않는 경우가 많았다. 그 이면에는 남성들의 경제적 이해타산이 깔려 있었다.

셋째, 세계 각국에 남아 있는 모계제의 유습을 살펴볼까 한다. 겉으로는 그것이 마치 여성의 권력을 상징하는 것 같아도, 실상을 파악해보면 꼭 그렇게 볼 수만은 없는 것 같다. 가령 여성이 여러 명의 남편을 둘 경우에도 가내 권력이 남성의 수중에 있는 경우가 적지 않았다.

끝으로, 여성의 재산권에 관해서도 관심을 가질 것이다. 아울러 결혼 지참금의 문제도 검토할 작정이다. 이 문제야말로 젠더의 차별을 해명하는 핵심적인 사안이 아닐까 한다.

12

근친혼으로
재산을 지키다

권력과 재산을 피 한 방울 섞이지 않은 남에게 호락호락 넘겨준다? 인간사회의 현실은 그와 정반대일 때가 대부분이었다. 사람들은 세계 어디에서나 '통혼권'이라는 것을 형성하여, 유형 및 무형의 재산을 끼리끼리 주고받았다. 특히 유럽 각국의 왕실은 일종의 다국적기업이라 해도 과언이 아닐 정도였다.

"혼인은 인류의 대사다." 이런 격언이 있다. 결혼은 나이와 신분과 지위를 떠나 누구에게나 중요한 사안이란 뜻이다. 결혼이란 주제는 자세히 설명하기로 들면 한도 끝도 없다. 아래에서는 결혼이 가족 모두의 '생존전략'으로 간주되던 전통시대에 초점을 맞춰, 동서양의 결혼 관습을 알아볼까 한다.

유럽 왕실,
결혼으로 '다국적기업' 경영

그들에게 결혼은 국가의 운명이 길린 중대한 비즈니스였다. 운이 좋으면 다른 나라의 왕위도 상속할 수 있었다. 아울러 결혼으로 맺어진 국가

간의 유대관계를 잘만
활용하면 유럽 전체를
호령할 수도 있었다.

자연히 유럽 여러 나
라의 왕실은 강대국과
혼맥婚脈을 맺으려 노력
했다. 강대국의 왕실은
되도록이면 모든 국가
를 자신들의 통혼권에
포함시키려고 애썼다.

19세기는 영국의 세
기였다. '해가 지지 않는
나라.' 오늘날의 입장에
서 보면 진부한 표현이

빅토리아 여왕은 외손자인 독일 왕 빌헬름 2세에게 아프리
카 킬리만자로를 증여했다. 수년 뒤 빌헬름 2세는 1차 세계
대전을 일으켰다.

다. 그러나 당대 영국인들에게는 자긍심의 상징이었다. 그때 영국 왕실
은 결혼관계를 이용하여 유럽 각국의 왕실을 시녀처럼 거느렸다.

빅토리아 여왕(재위 1837~1901)의 장녀(빅토리아 아델레이드 메리 루이즈)는
프로이센 왕자와 결혼했다. 비로 그들의 슬하에서 태어난 장남이 독일
제국의 빌헬름 2세(재위 1888~1918)다. 빌헬름 2세가 아직 열일곱 살이었
을 때, 빅토리아 여왕은 외손자인 독일의 황손에게 아프리카의 킬리만
자로를 증여했다. 1901년 여왕이 노환으로 죽자 빌헬름 2세는 슬픔을
이기지 못하고 윈저궁으로 달려가 외할머니 시신 앞에서 통곡했다.

그로부터 수년 뒤 빌헬름 2세는 1차 세계대전을 일으켰다. 그는 영국

과 사투를 벌였으나, 대영제국의 높은 벽을 넘지 못한 채 패전의 쓴맛을 보아야만 했다. 빌헬름 2세는 섣부른 전쟁으로 말미암아 모든 것을 잃었다.

한때는 프랑스의 부르봉 왕가, 오스트리아 - 헝가리제국의 합스부르크 왕가도 유럽의 여러 왕실과 혼맥을 맺으며 전성기를 누렸다.

때로 유럽 왕실의 결혼관계에는 '기상변이'가 일어났다. 프랑스 황제 나폴레옹 1세(재위 1804~1815)의 명성은 하늘을 찔렀으나, 그의 혈통을 계승한 왕실은 하나도 없었다. 그러나 나폴레옹으로부터 이혼을 당하고 궁에서 쫓겨난 조세핀의 후손들은 여러 나라의 왕관을 차지했다.

조세핀의 운명은 기구했다. 그녀는 서인도제도의 드로아질에서 태어나 열여섯 살에 파리로 건너왔다. 보아르네 자작과 결혼했으나, 프랑스 혁명의 와중에 자작은 처형되고 말았다. 미망인이 된 그녀는 파리 사교계의 총아로, 총재정부의 실력자였던 바라스 장군의 정부情婦가 되었다. 바라스는 조세핀을 나폴레옹에게 소개했고, 우여곡절 끝에 두 사람은 결혼했다. 그녀는 나폴레옹 황제의 황후로서 부귀영화를 누렸으나, 그 것도 잠깐이었다. 이혼녀가 된 그녀는 역사의 뒤안길로 쓸쓸히 사라졌다.

그것이 이야기의 끝은 아니다. 조세핀이 전 남편 보아르네 자작에게서 낳은 딸 호텐스의 아들, 곧 조세핀의 외손자는 나폴레옹 3세가 되어 옥좌를 차지했다. 조세핀의 또 다른 딸 유진의 아들(막시밀리안 드 보아르네)은 러시아의 황녀와 결혼했다. 유진의 딸 조세핀, 즉 조세핀의 외손녀는 스웨덴 국왕 오스카 1세의 왕후가 되었다.

조세핀 자신은 말년에 수모와 비운을 피하지 못했으나, 그 후손들은 벨기에, 덴마크, 그리스, 룩셈부르크, 노르웨이, 스웨덴 및 모나코, 루마니아, 유고슬로비아 및 이탈리아 왕실을 점령했다.

오늘날 유럽 각국의 왕실은 막대한 보석을 소유하고 있다. 그 가운데 상당량이 조세핀 황후의 유산이라고 한다. 노르웨이 왕실이 자랑하는 에메랄드와 다이아몬드는 조세핀에게 물려받은 것이라 한다. 불운의 황후 조세핀은 찬란한 보석들과 함께 화려한 광채를 내뿜고 있다.

국경을 초월한
유럽 귀족의 화려한 혼맥

유럽의 명문 귀족들도 국경을 초월해 화려한 혼맥을 자랑했다. 1748년 독일 레겐스부르크의 에메람 성에 둥지를 마련한 '투른 운트 탁시스' 선

독일 레겐스부르크에 있는 투른 운트 탁시스 성채. 영국의 버킹엄 궁전보다 규모가 거창하다.

제후 가문도 예외가 아니다. 이 집안은 본래 귀족의 후손이 아니었다. 운명의 16세기, 그들은 이탈리아 북부에서 우편사업에 종사하여 막대한 부를 축적했다. 그들의 우편사업은 전 유럽으로 확대되었다. 나중에는 투른 운트 탁시스 양조장을 세워 많은 재산을 보탰다. 이 가문은 그 외에도 농업, 광업, 제조업, 은행업 등으로 사업을 계속 확장해나갔다.

그들은 곳곳에 성채를 건설해 유럽의 최상류 귀족으로 발돋움했다. 독일의 시인 라이너마리아 릴케는 그들의 성채에 머물며,「두이노 비가」라는 명작을 집필했다. 그의 소설『말테의 수기』는 그의 후원자인 이 귀족 가문의 마리 공주에게 헌정한 것이다.

지금도 투른 운트 탁시스는 굴지의 부유한 귀족으로 손꼽힌다. 그들의 본거지는 독일 레겐스부르크에 있는데(상트 에머람), 궁의 규모가 영국 왕실의 버킹엄궁보다 크다. 매년 궁의 유지비만 해도 100만 유로를 넘어선다. 유럽의 상류 귀족 가문들 중에서 선대에 그들과 결혼하지 않은 집안은 거의 없다.

동아시아 왕실은 국내 귀족과 통혼

한국을 포함한 동아시아의 왕실은 결혼을 통해 핏줄이 연결된 경우가 거의 없었다. 아득한 고대로 거슬러 올라가면, 백제와 일본 두 나라의 왕실이 서로 결혼으로 동맹관계를 강화했다. 수백 년 뒤 중국의 원나라도 잠시 국제적인 결혼동맹을 체결했다. 그때 고려는 원나라의 부마국, 곧 사위나라였다.

하지만 동아시아 각국의 왕실은 자국의 귀족과 결혼하는 것이 일반적이었다. 귀족 역시 자국 내에서 배우자를 선택했다. 유럽에 비하면 폐쇄적인 성격이 뚜렷했다. 한 마디로 한국, 중국, 일본은 이웃나라와는 혈연적으로 완전히 단절된 독립국가로 유지되었다. 때문에 유럽 여러 나라들과는 비교하기 어려울 정도로 자국 중심적이요 배타적인 색채가 강했다. 동아시아 각국은 저마다 고립된 '세계'의 중심이었다.

동아시아의 왕실들은 위엄을 높이기 위해 몇 가지 방법을 고안했다. 중국의 명나라 황실은 배우자를 정하기 위해 까다롭고 엄격한 간택 절차를 마련했다. 일본의 왕실은 근친혼도 마다하지 않았다. 일왕 히로히토(재위 1926~1989)만 해도 사촌인 나가코와 결혼했다.

한국의 고대왕국에는 이른바 왕비족이라는 특수한 가문이 존재했다. 고구려에서는 절노부가 왕비족으로 특별한 위상을 차지했다. 제나부, 연나부 등으로도 불렸던 그들 가운데서 대대로 왕비가 나왔다. 그리하여 절노부는 왕족에 버금가는 대우를 받았다.

고려 후기에는 '재상지종宰相之宗'이라 불리는 상류귀족 집단이 있었다. 1308년 충선왕은 왕실과 혼인할 수 있는 15개 가문을 공포했다. 경주김씨를 비롯해 여흥민씨, 평양조씨, 언양김씨 등이었다.

이처럼 동아시아의 왕실은 근친혼 또는 국내 최고의 귀족들과 통혼하여 왕실의 권력과 부가 지나치게 분산되는 것을 막고, 정치적 안정을 강화하려고 노력했다. 이런 전략은 때로 성공적이었다. 그러나 때때로 외척의 발호를 낳기도 했다. 그때마다 왕권은 실추했고 왕조의 운명이 흔들렸다. 고려 전기에는 이자겸 등 인주이씨가 국정을 오로지했고, 조선 말기에는 안동김씨, 풍양조씨, 여흥민씨의 세도정치가 극심했다. 중국과 일본의 역사에서도 외척의 횡포는 여러 번 되풀이되었다.

유전병보다 재산을 지키는 것이
더 중요했다

유교는 친족질서를 유독 강조했다. 그리하여 유교국가에서는 사촌남매가 서로 결혼할 수 없었다. 심지어는 동성동본의 결혼조차 철저히 금지했다. 20세기 한국 사회에서는 이러한 관습이 시민적 저항에 직면했다. 1997년 동성동본의 혼인을 금지하는 기존의 법규가 헌법에 어긋난다는 판결이 내려졌다(2005년 관련 법률 개정). 그 당시 유림단체들은 동성동본 간의 결혼을 허용하면 당장에 나라가 망할 것처럼 반발했으나, 시민들의 반응은 싸늘했다.

지구적인 차원에서 보면 이 문제가 과연 어떻게 보일까? 대부분의 나라에서는 사촌과의 결혼을 합법적인 것으로 인정한다.

오늘날 지구상의 모든 부부 가운데 상당수가 사촌과 결혼한 사람들이다. 과거에는 그런 일이 더 많았다. 영국의 빅토리아 여왕과 그의 남편 앨버트 공도 사촌 간이었다. 정확히 말해 여왕은 앨버트 공의 고종사촌 누나였다.『종의 기원』의 저자 찰스 로버트 다윈도 외사촌 누나(에마 웨지우드)와 결혼했다. 다윈은 근친혼 때문에 혹시라도 자녀들이 유전병에 걸리지나 않을까 노심초사했다. 유전병을 염려해 근친혼을 피한 사람이 적지 않았다.

그러나 조상으로부터 물려받은 권력과 재산을 온전히 지키려면 유전병 따위를 겁내서는 안 된다고 생각하는 사람이 더 많았던 모양이다. 고대 이집트의 왕가에서는 이복남매끼리도 결혼했다. 클레오파트라 여왕 부부가 그런 경우였다.

그들의 조상 프톨레마이오스 1세는 본래 그리스 사람이었다. 그는 알렉산드로스 대왕의 원정사업에 참여해 이집트에 진출했고, 파라오가 되었다. 클레오파트라는 프톨레마이오스 12세의 셋째 딸이었다. 그녀는 열여덟 살 때 세 살 아래인 이복동생 프톨레마이오스 13세(재위 기원전 51~기원전 47년)와 결혼했다. 그들은 공동으로 파라오가 되었다. 하지만 또 다른 남동생 프톨레마이오스 14세(재위 기원전 47~기원전 44년)와의 권력투쟁에 실패해 3년 동안 왕위를 빼앗기기도 했다.

요컨대 세계 각국에서 왕족과 귀족은 물론이고, 평민도 근친과 결혼한 사례가 많았다. 권력과 재물을 다른 집안 사람들에게 넘겨주고 싶지 않아서였다. 그들에게 근친혼 또는 족내혼은 가문의 생존을 위한 전략이었다. 오늘날에도 세계 인구의 20퍼센트가 족내혼이 인정되는 문화권에 산다. 유대계 금융재벌인 로스차일드 가문도 부의 유출을 막기 위해 대대로 근친혼을 한 것으로 유명하다.

오스트리아 합스부르크 왕가의 근친혼은 더욱 심했다. 많은 왕족들이 대대로 삼촌, 사촌 간에 결혼했다. 그러자 '합스부르크 기형'이란 현상이 나타났다. 왕족의 외모는 갈수록 추해졌고, 발육부진 상태를 보이거나 아예 신체의 일부가 기형(가령 입술)인 사람이 많아졌다. 면역력이 약해 일찍 죽거나 질병에 자주 걸렸다. 생식 능력도 떨어져 대를 이을 자식이 귀해졌다.

부와 권력을 오로지하려던 합스부르크 왕가의 전략은 결국 실패로 돌아갔다. 현대 유럽의 다른 왕가들은 합스부르크 왕가의 비극을 되풀

선조들의 근친혼으로 인해 합스부르크 가문의 마지막 스페인 왕 카를로스 2세는 희귀한 유전질환을 앓았다. 주걱턱은 합스부르크 가문의 상징이었다.

이하지 않으려고 노력한다. 오랫동안 순혈주의를 고수하던 영국 왕실도 20세기가 되면 왕가의 지속성을 확보하기 위해 귀천상혼貴賤相婚, Morganatic Marriage을 선택하게 되었다.

무슬림의
사촌남매 결혼

사촌남매끼리의 결혼은 근친혼 중에서도 약간 특수한 경우다. 무슬림, 곧 이슬람교 신자들 중에 그런 사람들이 비교적 많다. 이 종교의 창시자 예언자 무함마드(570~632)에게는 모두 13명의 아내가 있었다. 그 가운데 2명은 사촌자매였다.

그들은 부계의 사촌여동생이었다. 그 가운데 한 명(자이납)은 특히 기구한 운명의 주인공이었다. 그녀는 무함마드의 고종사촌 여동생인데 애초에는 무함마드의 양자와 결혼했다. 무함마드의 며느리였다는 말이다. 그런데 얼마 후 이혼하고 시아버지였던 무함마드와 재혼했다.

무함마드의 자손들은 위대한 조상의 선례를 따라 사촌자매와 결혼하는 일이 비교적 흔했다. 일부 이슬람국가에서는 부계 사촌과의 결혼을 법으로 권장했다.

근친혼의 목적은 뚜렷했다. 근친혼을 통해 당사자들은 해당 가문이 소유한 부동산, 현금, 보석 같은 유형의 재산과 정치적·사회적 자산을 효과적으로 보호할 수 있다고 믿었다. 사회경제적으로 보더라도 근친혼을 하면 해당 가족의 사회적 지위를 변함없이 유지할 수 있었다. 또 근친혼의 경우에는 배우자를 선택하는 일도 상대적으로 쉬운 편이었다. 특히 결혼 연령이 낮은 사회, 즉 조혼이 보편화된 문화권일수록 사촌끼리의 결혼을 선호했다.

고려시대의 근친혼과
동성동본 결혼

고려시대까지는 한국의 사정도 비슷했다. 신라의 왕실 및 귀족 가문에서는 근친혼이 보편적이었다. 태종무열왕(김춘추)의 경우도 그러했다. 왕의 아버지 김용춘과 어머니 천명공주는 오촌 사이였다. 더 정확히 말해 김용춘은 오촌 질녀와 결혼했다. 김춘추 자신의 처지도 마찬가지였다. 그는 김유신의 누이 문희와 결혼했고, 그들 사이에서 지소공주가 태어났다. 훗날 공주는 외삼촌 김유신의 아내가 되었다. 이런 예를 들자면 끝이 없을 것이다.

고려 왕실에서도 근친혼이 심했다. 제4대 광종임금은 과거제도를 처음 실시한 왕으로 유명하다. 왕과 대목왕후는 이복남매 사이였다. 광종의 후궁인 경화궁부인은 왕의 삼촌 조카딸이었다. 제6대 성종과 문덕왕후 역시 부계의 사촌 남매 사이였다. 처음에 문덕왕후는 태조의 손자 홍덕원군(왕규)과 결혼했으나, 뒤에 성종과 재혼했다. 제11대 문종은 후손들을 왕실의 실력자인 정간왕 왕기의 후손들과 겹사돈을 맺게 했다.

중국에서는 고대부터 근친혼을 야만의 풍습으로 규정해 엄격하게 금지했다. 고려는 중국 송나라와 외교관계를 맺어 친하게 지냈다. 고려는 송나라의 도덕적 비난을 피하기 위해 근친혼 관계인 왕후와 후궁의 성을 임의로 조작하기도 했다.

고려 중기부터 유교의 영향을 받으면서 차츰 근친혼을 금지하기 시작했다. 14세기에는 근친혼 풍습이 고려 왕실에서 완전히 사라졌다.

민간에서는 그 유습이 상당히 오랫동안 남아 있었던 것 같다. 고려시대에 작성된 호적을 검토해보면, 동성동본 결혼이 여러 곳에서 확인된다. 15세기의 대학자 김종직이 남긴 『이존록彛尊錄』을 보더라도 그 점을 재차 확인할 수 있다. 김씨 집안은 대대로 경상도 선산부의 호장직을 세습했다. 그들 집안에서는 족내혼의 자취가 명백하고, 동성동본 결혼에 해당하는 사례가 적지 않게 발견되었다.

조선시대에 이르러 본질적인 변화가 시작되었다. 부계 중심의 중국식 종법宗法 질서가 뿌리내림에 따라 부계의 근친혼은 완전히 사라졌다. 동성동본 결혼도 금지되었다. 모든 사람이 자신의 신분과 지위에 알맞은 통혼권通婚圈을 형성해 끼리끼리 배우자를 주고받았다.

동서고금을 막론하고 배우자 선택은 신중하게 결정되었다. 사람들은 가정과 가문의 이해득실을 두루 고려해 최적의 배우자를 선택하려고 정성을 쏟았다. 결혼은 당사자의 행불행이 달린 일이자, 한 집안의 번영과 쇠퇴가 갈리는 기회일 수도 있고, 위기의 출발점이기도 했다. 시간이 아무리 흘러도 쉽게 변할 수 없는 삶의 이치일 것이다.

13

이혼을 불허한
진짜 이유

◇
◇
◆

상속과 무관한 것은 하나도 없다. 누구든 일정한 재산이 있어야 생존을 보장받을 수 있다. 갑자기 찾아온 배우자의 죽음, 특히 가장의 죽음은 가족의 생존을 위협한다. 동서고금을 막론하고 별로 다르지 않다.

이러한 위기를 헤쳐 나가기 위해 인간은 여러 가지 제도적 장치를 고안했다. 그들은 가족의 물질적 기반을 어느 정도 보장하기 위해 법과 제도를 마련했던 것이다. 그중에는 현대인이 좀체 이해하기 어려운 것도 많았다. 고대 사회에는 '형사취수兄死娶嫂', 곧 형이 죽으면 동생이 형수와 결혼하는 풍습이 있었다. 그런가 하면 19세기 중반까지도 사실상 이혼을 금지했다. 이러한 풍습의 이면에는 지참금이라는 또 다른 관행이 숨어 있었다.

형이 죽으면
동생이 형수와 결혼해

고대 사회에는 형사취수의 풍습이 실로 광범위하게 퍼져 있었다. 고구려를 비롯해 흉노 등 중앙아시아는 물론 중동, 유럽, 아프리카, 동남아시아 등지에 이러한 관습이 있었다.

고대 유대 사회도 예외가 아니었다. 유대 전통에 따르면, 형제의 아내와 성적으로 관계하는 것은 엄격히 금지되었다(「레위기」18장 16절). 그러나 예외적인 경우에는 형사취수가 허용되었다. 「신명기」25장 5~6절에 이런 이야기가 나온다.

'형제 가운데 누군가 죽었는데, 아들이 없으면 어떻게 할 것인가. 죽은 형제의 아내는 시집을 떠나 다른 가문에 시집가는 법이 없다. 남편의 형제들 가운데 한 사람이 그 형수를 아내로 맞이하는 것이 옳다. 그리하여 그 여성이 재혼관계에서 얻은 큰아들은, 이미 죽은 형제의 아들로 삼아야 한다. 이로써 죽은 형제의 혈통이 대대로 보존되게 할 일이다.'

알고 보면 히브리 사회에서 형사취수의 전통은 뿌리 깊은 것이었다. 「창세기」38장 8절에도 유사한 내용이 나온다. 유다의 둘째 아들 오난은 자식을 낳지 못하고 일찍 죽은 형의 혈맥을 이어주기 위해 미망인이 된 형수와 관계를 맺어야 했다. 그러나 오난은 형수와 동침할 때마다 땅에 사정했다. 이 일로 그는 신의 노여움을 사 죽고 말았다. 이 이야기에 보이는 형사취수는 사실 유대민족의 오랜 관습이었다.

성서 연구자들은 형사취수제의 경제적 의미를 강조한다. 이 결혼에서 태어난 큰아들은 죽은 혈통싱의 아버지가 가졌던 세습권리를 물려받았다. 정확히 말해, 죽은 사람이 큰아들일 경우에 그의 상속분은 망자가 받을 몫의 두 배로 오히려 확대되었다. 이로써 큰아들의 가문이 별 문제 없이 유지될 수 있었다. 미망인 역시 시동생과 재혼함으로써 여생을 걱정 없이 살 수 있게 되었다.

하지만 형사취수제가 강제 결혼은 아니었다. 형수든 시동생이든 어느 한쪽이 그 결혼을 탐탁지 않게 여기면, 할리자halitzah라는 의식을 거행함으로써 형수에 대한 부양의 의무를 포기했다.

고구려 왕비 우씨,
야밤에 시동생들 방을 차례로 찾아간 사연

유대 사회도 그랬지만, 형사취수제는 족내혼의 전통이 강한 사회에서 성행했다. 그런데 유대 사회와 달리 대개의 경우 미망인이 죽은 남편의 형제들 가운데서 배우자를 선택할 권리를 가지고 있었다. 누구든 미망인의 점지를 받으면 그녀와 반드시 결혼해야 했다.

그 점에서 2세기 말 고구려 왕실에서 일어난 한 가지 사건에 주목하게 된다. 고국천왕(재위 179~197)이 후계자 없이 죽자, 당장 왕위계승을 둘러싸고 잡음이 크게 일어났다. 『삼국사기』는 그 책임을 왕비 우씨에게 전가했다. 우씨는 왕의 사망 사실을 숨긴 채 야밤에 시동생 발기와 연우의 처소를 차례로 방문했다. 혹시 일어날지도 모를 정치적 소요를 염려해, 그녀는 왕의 죽음을 숨긴 채 재혼 상대자를 스스로 물색했던 것이다.

『삼국사기』는 우씨의 이런 처사를 맹비난했다. 발기의 입을 빌려, 우씨는 남녀 간의 예절도 모르고, 왕위 결정이 하늘의 뜻에 달려 있다는 이치도 모른다고 했다. 그날 밤 발기는 우씨의 결혼 제의를 거절했기 때문에 왕좌를 놓치고 말았다. 그도 왕이 이미 죽은 사실을 알았더라면 우씨의 제안을 완강히 거절하지는 않았을 것이다. 그야 어떻든 간에 우씨로서는 자신을 진심으로 사랑해줄 배우자를 선택하고 싶었을지도 모르겠다.

우씨의 처사를 유교적 도덕기준으로 재단하는 것은 잘못이다. 우씨의 입장에서 보면 억울한 일이었다. 그녀의 심야 방문은 왕비족 전체의 정치적 명운이 달린 그야말로 막중한 협상이었다. 고국천왕의 둘째 동생 연우(산상왕, 재위 197~227)는 옥좌에 오르면서 우씨를 왕비로 선택했다. 말 그대로 형사취수한 것이다.

권력싸움에서 패한 발기는 형수의 패륜을 탓하며 반란을 꾀했지만 실패했다. 그러자 그는 적국 한나라로 망명하여 재기를 노렸으나 그것 역시 실패해, 자살로 생을 마감했다. 이런 비극의 씨앗이 우씨라는 여성의 잘못이라고 볼 수는 없다. 그것은 당사자 개개인의 이해관계와 양국의 정치적 이해관계가 복잡하게 맞물려서 일어난 사건이었다.

형사취수제는 사회보장보험

남성 중심 사회에서 여성은 독립적인 경제주체로서 활동하기 어려웠다. 더욱이 남편이 일찍 죽고 설상가상으로 단 한 명의 아들조차 남기지 못했다면, 여간 큰 타격이 아니었다. 그런 점에서 형사취수제는 미망인에 대한 든든한 사회보장보험이었다.

어느 나라에서도 형사취수 결혼에서 태어난 장남은 망자의 가계를 계승했다. 그는 망자의 상속분을 물려받았다. 그러나 생부의 재산에 대해서는 상속권이 없었다. 예외는 있었다. 만약 생부가 별도의 재산을 그 아들에게 주기를 원할 경우에는 사회가 이를 허락했다.

형사취수제는 일차적으로 후손이 끊긴 형제의 가문을 지속시키려는 사회적 장치였다. 그러나 다른 한편으로는, 갑자기 경제적 위기로 내몰린 여성의 생존권을 보장하려는 공동체의 노력이기도 했다.

이 문제를 더욱 깊이 파고들면, 그것은 여성의 결혼지참금에 관한 사회적 합의이기도 했다. 신부가 결혼할 때 가져온 지참금은 끝까지 신랑 집안의 재산으로 남아야 한다는 것이었다.

헨리 8세의 이혼 문제로 영국국교회가 탄생하다

서양에서도 이혼은 쉽지 않았다. 이혼은 공공의 이익에 반하는 것으로 간주되었다. 부부 중 일방이 '순결의 의무'를 저버렸다는 점이 명백할 때만 이혼할 수 있다고 했다. 그러나 현실적으로는 불가능했다. "하늘이 맺은 것을 사람이 풀지 못한다." 이런 기독교 정신이 지배적이었다.

그런데 이혼을 가로막은 현실적 장애요인은 신부가 결혼식 때 가져온 막대한 지참금이었다. 누구도 그 재산을 선뜻 돌려주려고 하지 않았다.

영국의 헨리 8세(재위 1509~1547)의 말썽 많았던 이혼 이야기가 떠오른다. 그의 왕비 캐서린은 본래 헨리 8세의 형 아서 왕자의 아내였다. 그런데 아서가 결혼한 지 20주 만에 병으로 죽었다. 부왕 헨리 7세(재위 1485~1509)는 캐서린이 모국 스페인에서 지참금으로 가져온 황금 20만 두카트를 돌려주기 싫었다. 황금에 눈먼 부왕 때문에 헨리 8세는 형수와 억지 결혼했다는 해석이 무리하게 들릴 수도 있으나, 완전히 틀린 말

헨리 8세는 이혼 문제로 교황청과 갈등을 겪다가 결국 가톨릭교회와 절연하고 영국국교회의 수장이 된다.

은 결코 아니다.

그들의 결합은 교회법상 근친상간에 해당했다. 그런데도 로마 교황 율리우스 2세(재위 1503~1513)는 한쪽 눈을 감았다. 그들의 결혼은 합법적인 것이 되었다. 그러나 얼마 뒤 중대한 문제가 발생했다. 왕비 캐서린의 소생은 메리 공주만 살아남았다. 게다가 캐서린은 이미 나이가 많아 왕자의 출생을 기대할 수 없는 형편이었다.

헨리 8세와 측근들의 고뇌가 깊어졌다. 만일 메리 공주를 유럽의 다른 왕가에 시집보내면 장차 영국의 왕위계승권이 그쪽으로 넘어갈 것이었다. 헨리 8세가 후사를 정하지 못하고 죽는다면, 왕위계승 전쟁이 일어날 가능성도 배제할 수 없었다.

영국에는 왕위를 물려받을 왕자가 필요했다. 헨리 8세는 이혼을 서둘렀으나, 교황청의 입장은 난처했다. 첫째, 전임 교황이 예외적으로 그들의 혼인을 허락했는데, 이를 번복하자니 교황청의 체통이 손상될 일이었다. 둘째, 캐서린의 친정 조카 카를 5세는 신성로마제국의 황제(재위 1519~1556)이자 스페인 국왕(재위 1516~1556)이었다. 그가 이혼에 반대했기 때문에 교황청은 정치적 부담을 느꼈다.

애당초 헨리 8세는 교황파로 분류되었다. 독일의 마르틴 루터가 종교개혁을 일으키자, 이에 강력히 반발했던 이가 헨리 8세였다. 당시 교황 레오 10세는 헨리 8세의 태도에 감명을 받아, '신앙의 보호자'라는 칭호를 수여했다.

그러나 이혼 문제로 인해 사정이 달라졌다. 헨리 8세는 종교개혁을 지지하는 일부 성직자 및 귀족들의 지지에 기대어 수장령Acts of Supremacy을 선포했다. 그때부터 영국 왕은 영국국교회의 수장이 되어, 영국 내의 모든 교회에 대해 로마 교황의 간섭을 거부했다.

급기야 헨리 8세와 가톨릭교회의 관계는 파국으로 치닫기 시작했다. 헨리 8세는 왕비 캐서린과 이혼하려고 교황청과 승강이를 벌였다. 가톨릭교회를 지지하는 일부 귀족들은 국왕의 처사를 노골적으로 비판했다. 대법관으로서 신교도와 사이가 좋지 않았던 토머스 모어와 존 피셔 주교가 대표적이었다. 모어는 『유토피아』의 저자로 유명한 작가다. 화가 난 헨리 8세는 모어 등을 처형했다. 그러자 교황 클레멘스 7세(재위 1523~1534)는 헨리 8세를 파문했다.

영국 왕도 가만히 있지 않았다. 그는 영국의 가톨릭 수도원을 해산했다. 국토의 6분의 1을 차지했던 수도원의 토지가 한순간에 교황의 통제를 벗어나 영국 국왕에게 귀속되었다. 교황청과 왕권의 대립은 극한에 도달했다.

사실 헨리 8세의 종교적 성향은 무난했다. 그는 인문주의자 '로테르담의 에라스무스'와 유사했다. 그들은 당시 유행하던 인문주의에 동조했으나, 교리상으로는 교황청과 충돌할 이유가 전혀 없었다.

그럼에도 헨리 8세는 이혼 문제로 인해 교황청과 대립했고, 결국 영국국교회의 독립을 선포하기에 이르렀다. 국왕은 자기 마음대로 앤 불린과 재혼했다. 그러나 그것도 잠시였다. 헨리 8세는 전후 6명의 왕비를 맞았으나, 둘은 참수했고, 둘은 추방하는 등 순탄한 결혼생활을 유지하지 못했다. 그토록 염원하던 왕자를 얻기는 했으나, 든든한 후계자가 되지는 못했다. 하지만 아이러니하게도 왕에게는 10명의 왕자보다 믿음직한 공주가 있었다. 처녀왕 엘리자베스 1세(재위 1558~1603)였다. 그녀가 통치한 45년 동안 영국은 유럽 최강국의 지위를 확보했다.

헨리 8세 때부터 세력이 점차 커진 청교도는 이혼을 용인했다. 청교도 가문 출신으로, 17세기 영국 문단을 빛낸 존 밀턴(1608~1674)도 이혼을 인간의 당연한 권리로 보았다. 그는 배우자 간의 성격, 기질의 차이도 이혼 사유로 간주했다.

1670년 영국 의회는 존 매너즈 경과 앤 피에르퐁 부인의 이혼을 인정했다. 1752년 프로이센의 계몽군주 프리드리히 2세는 결혼을 사적인 계약이라 못 박았고, 이혼을 허락하는 법률도 제정했다. 프랑스에서도 대혁명 이후 이혼이 합법화되었다. 1809년 나폴레옹 황제는 황후 조세핀과 이혼했다.

이러한 제도상의 변화에도 불구하고, 이혼은 거의 불가능한 일이었다. 영국에서는 이혼 소송비가 200파운드였다. 평범한 시민은 만져보지도 못할 거금이었다.

게다가 19세기 중반까지도 유럽의 여성들은 법적 · 경제적으로 독립적인 존재가 아니었다. 법률은 배우자의 간음, 유기행위, 또는 잔인함을 이유로 이혼할 수 있다고 명시했다. 하지만 사회적 약자인 여성이 법의 혜택을 기대하기는 어려웠다.

코란이 인정한 이혼 사유

이슬람 문화는 달랐다. 그들은 중세에 이미 여성에게도 이혼의 권리를 인정했다. 여성도 얼마든지 이혼소송을 제기할 수 있었다. 코란이 보장하는 떳떳한 권한이었다. 여성은 이혼에 따른 물질적 보상을 요구할 수도 있었다.

남편이 생활비를 제대로 가져오지 않거나, 성적으로 나태할 경우 아내는 이혼을 요구할 수 있었다. 성적 나태란 부부 사이에 4개월 이상 성관계가 전혀 없을 때를 말한다. 이밖에도 남편이 아내를 정신적·육체적으로 학대했거나, 남편이 다른 여성과 결혼을 원하는 것이 분명할 때도 아내는 이혼소송을 청구할 수 있었다.

샤리아(이슬람 성법)는 이혼의 범주도 다양하게 정의했다. 의절을 비롯하여 협의이혼, 재판상 이혼, 또는 서약으로 세분했다. 의절이란 남편이 법정에서 세 번 반복하여 '탈라크talaq'를 외치면 성립된다. 이로써 부부의 관계가 끝나는 것이다. 협의이혼khul은 아내의 주장에 따라 이혼이 결정되는 경우로서 아내에게는 소액의 위로금이 지급된다. 그에 비해 재판상 이혼은 재판 절차를 거쳐 부부관계가 해소되는 경우다. 그럼 서약은 또 무엇인가. 남편이 법정에서 아내와의 성관계를 최소 4개월 동안 중단하겠다고 선언하는 것이다. 이런 서약이 실행되면 이혼조건이 충족된다. 또 남편이 법정에서 아들과의 친자관계를 공개적으로 부정해도 일종의 이혼 서약이 된다. 이처럼 다양한 절차를 통해 이슬람 세계는 이혼을 합법화했다.

이슬람 사람들은 이혼에 관해 참으로 여러 가지 가능성을 고려했던 것 같다. 놀랍게도 그들은 이혼이 법률적으로 효력을 발휘하기까지 3개월의 숙려 기간을 정하기도 했다. 이슬람 문화에는 우리가 미처 예상하지 못한 점들이 곳곳에서 발견된다.

지참금 제도가
이혼을 가로막아

생각해보면 영국 왕실은 스페인 공주 캐서린이 가져온 막대한 지참금을 탐냈기 때문에, 미망인이 된 그녀를 헨리 8세와 결혼시킨 것이었다. 동서양을 막론하고 신부의 지참금은 여성의 이혼 및 재혼을 가로막는 사회적 장치였다. 앞에서 언급한 황금 20만 두카트 외에도 인도 뭄바이 지방과 동양의 설탕, 향신료, 차를 가득 실은 선박 7척이 캐서린의 결혼 지참금이었다.

전통시대 중국에서는 시집가는 딸에게 다양한 형태의 지참금을 지급했다. 그것은 토지, 보석, 현금, 의복, 바느질도구, 생활용품까지 다양했다. 지참금은 딸에게 주는 일종의 상속이었다. 지참금을 지급하고 남은 재산은 아들들에게 골고루 나눠주거나, 그들이 공동으로 이용하게 했다.

중국 여성들은 지참금으로 가져온 재물을 처분할 권리가 있었다. 그들은 시집이 경제적 위기에 처하면 그것을 팔아 집안을 도왔다. 가져온 지참금이 많으면 많을수록 가정 내에서 여성의 지위는 높았다. 조선시대에도 이와 같은 풍속이 있었다.

사정은 유럽도 비슷했다. 각국의 왕실과 명문 귀족들은 딸에게 막대한 지참금을 주었다. 1661년 포르투갈 왕실은 캐서린 공주를 영국의 찰스 2세(1660~1685)에게 시집보냈는데, 지참금으로 인도와 모로코의 2개 도시를 주었다. 그런가 하면 수녀원에 딸을 들여보낼 때도 지참금을 지급했다. 또 집안을 계승할 아들이 없으면, 사위에게 집안의 토지를 몽땅

윌리엄 호가스, 〈유행에 따른 결혼〉. 신부의 지참금을 주고받는 장면을 통해 당시의 정략결혼을 풍자하고 있다.

물려주면서 대신에 처가의 성을 쓰도록 요구하기도 했다.

시집갈 딸에게 지참금을 지급하지 않으면 약혼이 취소되기도 했다. 윌리엄 셰익스피어(1564~1616)의 『리어왕』에도 그런 풍습이 반영되어 있다. 극중에서 리어왕은 막내딸 코델리아에게 의절을 선언했다. 그러자 공주에게 청혼했던 버건디 공작은 지참금이 없는 그녀를 데려갈 수 없다며 떠나버렸다.

빅토리아 시대의 영국인들은 지참금이란 딸에게 미리 재산을 상속하는 것쯤으로 이해했다. 미처 지참금을 받지 못한 딸들은 어떻게 되었을까. 그들은 아버지가 죽으면 영지를 상속받을 수 있었다. 만약 결혼한 부부가 자손을 낳지 못했을 경우에는, 그들의 사후에 아내의 지참금은 친정에 귀속되었다. 그 점은 조선시대의 풍습과 일치했다.

흥미롭게도 크리스마스 때 선물을 주는 것으로 유명한 니콜라스 성인은 본래 양말에 황금을 넣어줌으로써, 가난한 여성이 결혼지참금을 마련하게 도왔다고 한다. 니콜라스는 터키 땅이 아직 기독교 사회였을 당시 자선행위로 이름난 가톨릭교회의 주교였다.

일찍이 맹자는 "일정한 재산이 있어야 사람의 마음이 변하지 않는다(有恒産 有恒心)"라고 말했다. 하루 벌어 하루 먹고사는 가난한 사람은 꿋꿋한 지조를 지키기가 어렵다는 뜻이다.

과연 물질적 안정은 생존의 필수적인 요소다. 생산성이 낮은 사회일수록 재산 상속이 인간의 삶에 미치는 영향은 컸다. 그리하여 현대인으로서는 이해하기 어려운 사회제도와 관행들이 존재했다.

산업혁명 이후 생산성이 꾸준히 개선되고 소득도 대폭 증가한 것은 다행이었다. 그로 인해 인권의식이 강화되어, 우리는 과거의 족쇄로부터 비교적 자유롭게 되었다.

14

일처다부제의
경제적 의미

◇
◇
◆

18세기 러시아의 예카테리나 대제나 당나라의 여성 황제 측천무후는 외모가 수려한 남성들을 휘하에 두고 성생활을 즐겼다고 한다. 그들은 물론 보통 여성이 아니었다. 권력을 한손에 거머쥔 특권적 존재였다. 때문에 법과 관습을 초월하여 멋대로 살 수 있었다.

그러나 인류사회에는 여성이 다수의 남편을 합법적으로 둔 경우도 있었다. 이름 하여 일처다부제였다.

인도 북부 고산지대의 토다족과 티베트의 하층민이 그렇게 살았다. 중국의 서쪽 끝에 있는 리장과 네팔에도 이런 관습이 있었다. 토질이 매우 척박하거나 정착생활이 아예 불가능한 지역에서 이 제도가 성행했다.

얼마 안 되는 재산을 형제들이 나눈다면 생존 자체가 불가능한 곳이었다. 때문에 형제들은 부모가 물려준 재산을 공유했다. 그 연장선상에서 형제들은 한 명의 아내를 공유했다. 경우에 따라서는 형제들이 순서를 정해 돌아가며 일정 기간 동안 아내와 함께 지냈다.

인도의 토다족은 유난히 남아를 선호했다. 여성은 결혼식을 치를 때 막대한 지참금을 가져가야만 했다. 그 사회에서는 여아를 유기하거나 살해하는 일이 많았다. 남녀의 비율이 극단적으로 비대칭적이었다. 토다족은 남편이 사망할 경우 그 재산과 아내가 외부인의 차지가 되는 것을 금지했다. 결과적으로 일처다부제가 사회 관습으로 자리 잡았다. 아내를 공유한 형제들은 분가할 수가 없었다. 가문의 재산도 외부로 유출되지 않았다.

일처다부라고 하면 마치 여성에게 상당한 권리가 있을 것으로 지레짐작하기 쉽다. 그것은 착각이다. 토다족의 경우에서 보듯, 세상 사람들은 여성을 한 집안의 공유재산으로 간주했다.

가난 때문에 형제가 배우자를 공유한 티베트 사람들

티베트의 결혼 풍습에는 흥미로운 점이 더욱 많다. 그곳은 신분제의 유습이 뿌리 깊어, 평민이 귀족과 혼인할 수 없었다. 또 종족적 편견이 심해 피부색이 다른 민족과도 결혼이 금지되었다. 만약 이러한 관습을 어기면 마을 사람들에게 어떤 형벌을 가해도 무방했다.

그곳의 평민층에서는 형제일처혼이 대세였다. 집안의 장남이 어느 여성과 결혼하면, 형제들이 동시에 결혼한 것으로 간주되었다. 형제들이 아내를 공유한 것이다. 여성이 아이를 출산하면 누가 아버지로 인정되었을까. 무조건 장남이 아이의 아버지로 여겨졌다. 아이는 아버지의 형제들을 '리로이'라고 불렀다.

그런데 티베트에서는 여성들이 결혼지참금을 가져가지 않았다. 대신에 결혼을 원하는 남성의 집안에서 배상금을 물었다. 일종의 매매혼이었다.

　외족의 경우에는 신부의 집안에 소를 주고 신부를 데려왔다. 토다족이 여성에게 지참금을 요구한 것과 달리 외족은 신부의 친정에 배상금을 지급했다. 외족 사회에서는 세 마리 이상의 소를 소유하면 상당한 부잣집으로 대접받았다.

　형제들은 결혼한 뒤에도 한 집에서 살았다. 그들은 함께 일하고 함께 나눠 먹었다. 형제의 분가는 얼마 안 되는 재산과 노동의 분할을 의미했다. 이것은 곧 형제들의 파멸을 뜻했다. 극도의 가난이 형제일처혼의 근본적인 원인이었다. 티베트의 척박한 자연환경은 급속한 인구 증가를 허용하지 않았다. 거기서는 장성한 남성들이 힘을 모아야 겨우 생존이 가능할 정도였다. 티베트 사람들은 생존 자체를 위해 형제일처혼의 관습을 만들었다고 볼 수 있다.

라다크 지방에서는
여성이 한 집안의 우두머리

인도 북부의 라다크족은 티베트의 외족과도 전혀 다른 전통을 가지고 있었다. 1928년 곰페르츠 소령이 저술한 『신비의 라다크』에는 다음과 같이 적혀 있다.

　"라다크의 여성은 그 집안에서 진정한 우두머리다. 남성들은 그녀의 유능한 엄지손가락 밑에 있다. 여성은 자신의 재물을 가지고 있고, 자신의 의지에 따라 거래를 한다. 그녀의 말은 법이나 다름없다."

　라다크의 가정에서는 여성이 명실상부한 가장이었다. 스웨덴의 환경

운동가 헬레나 노르베리-호지 여사가 쓴 『오래된 미래』에서도 그런 사실을 확인할 수 있다. 한 가지 예를 들어보자.

돌마라는 여성은 두 살 아래인 앙축이란 남자와 결혼했다. 그때 신부의 나이는 25세였다. 시집 통데 마을은 평야지대요, 친정은 산마을 샤디에 있었다. 두 마을은 교류도 활발하고 서로 결혼하는 경우도 많았다.

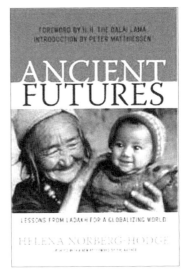

헬레나 노르베리-호지가 라다크 지역을 묘사한 책, 『오래된 미래』

돌마는 앙축과 결혼함으로써 그의 바로 아랫동생인 앙두스와도 결혼했다. 앙축의 둘째 동생은 마을에 있는 티베트 불교사찰의 승려였다. 그는 독신으로 남았다. 앙축과 앙두스 형제는 돌마의 남편이 되었으나, 그들의 동생 승려는 남편이 아니었던 것이다. 라다크에서는 형제가 결혼할 때도 3명의 형제가 한 여성의 배우자가 되는 일은 거의 없었다.

호지 여사가 관찰한 바에 따르면, 앙축이 맏형이라고 해서 가내에서 특별한 권위를 갖지는 못했다. 돌마는 두 남편을 동등하게 대우했다.

동생 앙두스는 상인이었다. 그는 여행을 많이 다녔다. 그래서 돌마는 형 앙축과 더 자주 동침했다. 그러나 앙두스가 집에 있을 때는 형제와 번갈아 잤다. 때로는 아내 돌마를 가운데 두고 세 사람이 함께 잤다.

라다크에서도 혼외정사를 벌이는 사람들이 있었다. 그러나 사생아를 출산한 여성도 마을 사람들로부터 따돌림을 당하지는 않았다. 멋대로 화를 내는 사람이 라다크에서는 가장 많은 비난을 받았다.

라다크의 경제적 여건은 조금 나은 편이었다. 인도의 토다족이나 티베트의 와족이 살던 곳에 비하면 토지생산성이 비교적 높았다. 그래서였을까. 여아의 사망률이 남아보다 특별히 높지 않았다. 결과적으로 남녀의 성비는 거의 같았다.

그런데도 형제일처혼이 널리 퍼져 있었기 때문에 상당수 여성들은 결혼 상대를 구할 수 없었다. 결혼하지 않은 여성은 비구니가 되었다. 남성 가운데서도 차남, 삼남의 경우에는 비구가 되어 평생 결혼하지 않는 경우가 많았다. 라다크의 인구 증가율은 이래저래 관습의 힘으로 통제되었던 셈이다.

1942년부터 법이 바뀌어 라다크에서도 일처다부제가 금지되었다. 점차 일부일처제가 수용되기 시작했다. 그런데 호지 여사가 자세히 관찰한 바에 따르면, 라다크에는 다양한 결혼제도가 공존했다. 모든 것은 경제적 상황에 따라 유연하게 바뀌었다. 한 세대가 다음 세대로 이어질 때마다 사람들은 자신이 소유한 토지의 크기, 자녀 및 잠재적 배우자의 수를 고려하여 처지에 가장 적합한 결혼 형태를 선택했던 것이다.

예외적이지만 일부다처제도 존재했다. 아내가 아이를 낳지 못하면 아내의 여동생이 시집을 와서 둘째 부인이 되었다. 물론 다른 이유도 얼마든지 있을 수 있었다. 남편이 혼외의 여성을 둘째 부인으로 맞이하기도 했다. 그럴 때면 아내의 동의가 필요했다.

만약 집안에 아들이 없거나, 있더라도 재산을 물려주기에 부적합할 경우도 있었다. 그런 경우에는 양자를 두지 않고, 큰딸이 모든 재산을 상속했다. 큰딸은 재산권을 행사하지 않는다는 조건으로 사위를 맞아들였다. 말하자면 데릴사위를 구했던 것이다.

그러나 아들이 있더라도 재산을 다 물려주지 않고, 가족이 임시로 살림을 나누어 별도로 독립채산제를 선택하기도 했다. 앞에서 잠시 언급한 앙축의 집안이 그러했다. 공식적으로는 결혼과 동시에 큰아들인 앙축이 모든 재산을 물려받았다. 그의 부모는 라다크의 관습대로 큰 집을 앙축에게 주고, 집 근처에 있는 작은 오두막으로 옮겼다. 그때부터 집안의 공식적인 대표는 앙축이었다. 앙축은 아직 살아 계신 할머니, 아저씨 한 분을 함께 모시고 살았다.

오두막으로 옮겨간 그의 부모는 앙축의 할아버지, 그리고 티베트 불교의 비구니가 된 앙축의 누이 2명과 함께 살았다. 사실상 앙축의 누이들이 부모를 모시고 사는 것이었다. 그들의 오두막에는 별도의 밭이 딸려 있었다. 비혼의 두 여성은 그 밭을 함께 경작했다. 거기서 얻은 소출로 독립적인 생활을 했다.

앙축과 누이들은 서로 협력했고, 온 가족이 함께 시간을 많이 보냈다. 그들의 사이는 평화롭고 우애가 넘쳤다. 그럼에도 그들은 독립성을 유지하며 살았다.

라다크에서는 주로 겨울철에 결혼식을 올렸다. 잔치를 벌일 시간이 많기 때문이었다. 혼기가 되면 부모와 친구, 친척들이 결혼 상대를 찾기에 바빴다. 혼담이 나오면 점성술사가 두 사람의 운을 점친다. 점괘가 좋게 나오면 신랑 측에서 신부 측에 선물과 술항아리들을 보냈다. 친구나 친척, 특히 신랑의 외할아버지가 신부 쪽 집안을 방문해 의사를 타진했다.

결혼이 확정되면, 신부를 데려올 사람들이 신랑의 집에 모였다. 특히 노래를 잘하고 춤도 잘 추는 사람들로 뽑았다. 그들은 화살, 양 또는 염소의 발목뼈를 가지고 신부 집으로 갔다. 화살은 신부가 앞으로 살게 될 집의 신神을 상징했다. 뼈는 번영을 의미했다. 신부는 눈물을 뿌리며 시집으로 갔다.

신부의 머리는 터키석이 박힌 긴 끈으로 장식했다. 친정어머니는 자신이 시집올 때 가져온 페라크를 큰딸에게 물려주었다. 결혼잔치는 일주일 동안 계속될 정도로 성대했다.

라다크에서는 보통 여름철에 아기를 출산했다. 아기가 태어나면 아버지는 일주일 동안 밭일을 중단했다. 작은 곤충이라도 해친다면 아기의 영혼이 어지러워질 것을 염려해서였다. 산모에게는 최상의 우유와 야크 버터를 선물했다. 천장에는 행운의 화살을 걸어두었다.

라다크에서는 아버지를 '압바'라고 불렀다. 앞에서 예로 든 돌마라는 여성의 자녀들은 어머니의 두 남편, 즉 앙축과 앙두스 형제를 모두 '압바'라고 불렀다. 라다크에서는 압바가 특별한 호칭도 아니었다. 성인 남자를 이르는 말이었다. 말하자면 '아저씨'와 같은 것이었다.

형제일처제 상태에서 아기의 아버지가 누구인지 정확히 알 수 있었을까. 돌마의 이야기를 조금만 더 해보자. 그녀는 자신이 낳은 아이들의 아버지를 정확히 안다고 믿었다. 가령 큰아이는 앙축의 아들이고, 막내는 앙두스의 아들이라고 확신했다. 어찌되었든 아버지들은 어느 아이가 자신의 생물학적 자식인지를 알고 싶어하지 않았다. 그들 모두는 공동의 자손이요, 공동의 아버지였다.

아기가 태어난 지 한 달이 되면 잔치가 열려, 온 마을 사람들의 축하를 받았다. 두세 달 뒤에는 아기를 절에 데리고 가서 복을 빌고 기도문을 받아왔다. 이때 고위 성직자가 아기에게 이름을 지어주었다. 물론 불교 법명이었다. 라다크 사람들은 성姓이 없었다. 그들의 이름에는 집과 소유한 땅의 이름을 붙여서 신분을 명시했다.

"형제 다섯 명과 결혼했는데 질투하는 사람은 없어요"

인도 북부에는 형제일처의 관습이 아직도 여전하다. 데란 둔이 그러하다. 2013년 외국의 매체를 통해 보도된 바이지만, 1999년에 당시 스물한 살이던 라조 베르마는 5명의 친형제와 결혼했다. 형제들의 나이는 열아홉 살부터 서른두 살까지 다양했다.

라조는 고향의 전통에 따랐다. 첫날밤은 신랑들 중에서 동갑내기인 구듀와 함께 보냈다. 그는 다섯 형제 중 넷째였다. 그다음에는 장남부터 막내까지 순차대로 동침했다. 보도 당시 라조에게는 생후 18개월인 아들이 있었다. 생물학적 아버지가 누구인지는 아무도 모르는 상황이지만, 누구도 궁금하게 여기지 않았다.

법률상으로 라조의 남편은 구듀였다. 다섯 형제가 라조와 잠자리를 하지만 질투하는 사람은 하나도 없다고, 구듀는 말했다. 라조 역시 같은 말을 했다. 그녀의 어머니도 3명의 형제와 결혼해서 살고 있다며, 자신은 남편들로부터 사랑을 듬뿍 받는 행복한 아내라고 주장했다.

데란 둔의 형제일처제는 토다족이나 와족 또는 라다크족과는 차이가 있었다. 남성 배우자의 수가 많은 편인 데다, 남성과 여성 가운데 어느

인도인 여성 라조(맨 앞 아이를 안은 여성)는 전통에 따라 다섯 형제를 남편으로 두고 있다./인도 커뮤니티

한편이 일방적으로 배우자를 소유 또는 지배한다는 느낌이 들지 않는다. 또 형제들 가운데서도 장남이 아니라, 여성과 동년배인 형제가 정식 남편의 역할을 하는 것도 특이하다. 형제일처라는 제도는 동일하지만, 그 실태는 부족에 따라 차이가 있다.

부탄 젊은이들은
일처일부제 선호

현대에 이르러 형제일처 풍습이 사라지고 있는 것이 엄연한 사실이다. 히말라야의 부탄왕국이 그러한 경우다.

트라시강 유역의 메락 마을을 예로 들어보자. 수년 전 어느 여행자의 보고서가 참고된다. 그때 부탄의 경제학 박사 니둡 도르지가 이렇게 진술했다. "제가 어렸을 때는 4명의 남편과 결혼한 여성이 있었습니다. 남편이 한 명인 여성은 극히 드물었지요. 어른들 말씀에 따르면, 그렇게 하는 이유는 생계 때문이었습니다. 가축을 길러야 했고, 그러자면 더 많은 일손이 필요하니까요." 여기서도 경제적 조건이 형제일처제의 배경이었다.

형제를 남편으로 섬기는 데첸 왕모라는 젊은 여성도 비슷한 말을 했다. "중요한 이유는, 산악 지방에서 가축을 기르며 살아야 했기 때문이에요. 처음에 나는 형제 중에서 형과 결혼해서 연로한 시부모님을 모셨습니다. 그런데 가축을 돌보려면 시동생의 힘도 필요했어요. 그래서 그와도 결혼했습니다."

부탄의 형제일처제는 앞에서 살펴본 지역들과는 조금 다른 점이 있었다. 여성이 배우자의 수를 늘려 나갈 수 있었다는 사실이다.

오늘날 부탄의 젊은이들은 전통에 안주하기를 거부한다. 그들은 설사 부모가 전통적 결혼제도를 선호하더라도 그런 결혼을 내켜하지 않는다. 형제일처를 선택한 사람들 중에도 이혼한 경우가 상당히 많다. 젊은이들은 일부일처제를 선호한다.

모계제 사회 남성들의
목숨을 건 구애

여러 곳에 남아 있는 형제일처제를 비교분석한 결과, 나는 이것이 까마득한 과거에 존재했던 모계제의 유습일 것이라고 믿게 되었다. 중국 리장에 살고 있는 나시족納西族의 경우를 보면 더욱 그런 확신이 생긴다.

그들에게는 '주혼走婚'의 풍습이 있다. 남녀가 연인으로 살아가는 제도다. 남성은 여성의 집에서 잠을 자고, 낮에는 자신의 집으로 돌아간다. 그러다가 아이가 태어나면, 자녀는 어머니에게 귀속된다. 자식 양육은 어머니의 몫이다. 남성은 생활비를 보태주지만, 애정이 식으면 그것도 끝난다. 아이들은 어머니와 함께 사는데, 어머니의 재산은 딸이 상속한다. 마을에 분쟁이 생기면 여성 가운데서 연장자들이 판결한다.

그들은 일처다부제의 전통을 유지하고 있다. 즉 여성이 여러 명의 남성을 거느린다. 가정에서든 마을에서든 주도권은 여성의 수중에 있다. 이런 사실을 고려할 때, 형제일처제 역시 일처다부제인 만큼 모계제에서 비롯된 것이 아닐까 한다. 실제로 인도 라다크에서는 여성이 가장권을 행사하는 경우가 있었다.

최근의 연구에 따르면 나시족의 결혼제도는 다양한 것으로 밝혀졌다. 형제가 한 명의 아내를 공유하기도 하고, 자매가 한 명의 남편을 공유하기도 한다. 또는 부부가 친구처럼 지내는 경우도 있고, 일부일처제도 없지 않다. 그럼에도 불구하고 거시적 관점에서 보면 그 사회는 여전히 모계제를 중심으로 운영된다고 말할 수 있다.

모계제 사회의 유풍은 지구 곳곳에 잔영을 남기고 있다. 동남아시아의 여러 섬나라에서는 여성의 권리를 비교적 충실히 보장했다. 여성이 공직에 나아갈 권리를 인정하는 곳도 있었다고 한다. 서양 사람들이 관찰한 기록을 보면, 17세기 후반까지 셀레베스섬의 마카사르왕국에서는 여성이 얼마든지 이혼도 하고 재혼도 할 수 있었다. 재산과 자녀도 남성(전 남편)과 여성(전 아내) 사이에 공평하게 분배되었다. 아마도 마카사르에서는 고대부터 여성의 지위가 항상 높았던 것 같다.

전설에 따르면, 고대에는 여인국이 존재했다고 한다. 가장 유명한 것은 그리스 신화에 나오는 아마존이다. 그 나라의 왕은 여성인데, 사냥의 여신 아르테미스를 수호신으로 삼아 여성 전사들, 즉 아마조네스를 거느리고 전쟁과 사냥을 했다고 알려져 있다. 여성 전사들은 활을 쏠 때 거추장스럽다는 이유로 오른쪽 유방을 제거했다고 한다. 그리하여 나라 이름을 '아마존'이라고 했는데 '유방이 없다'는 뜻이라고 한다. 아마존과 비슷한 전설이 인도, 아라비아, 영국, 아일랜드, 브라질, 중국에도 널리 퍼져 있다.

　인류학자들의 조사에 따르면, 중국에는 현재까지도 모계사회가 존재한다. 쓰촨성의 자바 마을이 바로 그러한 곳이다. 이 마을은 고대 중국의 전설에 등장하는 동여국의 후예라고 한다. 이 마을에서는 아직도 어머니가 집안일과 농사일을 주관한다. 어머니가 경제권을 거머쥐고 있으며, 중요한 결정권도 그 손에 달려 있다. 어머니의 재산은 장녀가 상속하는 것이 이 마을의 풍습이다.

　자바 마을의 남자들은 여성의 사랑을 쟁취하기 위해 목숨을 걸다시피 한다. 자바 사람들은 4~5

전투를 준비하고 있는 아마존 전사

층 높이의 돌집에서 사는데, 남성이 여성에게 구애하려면 10여 미터나 되는 높은 담벼락을 기어올라야 한다. 어떤 사람은 담을 기어오르다 떨어져 죽거나 다치기도 한다. 남성은 힘들게 구애를 하지만, 여성이 거절하면 그것으로 끝이다.

사랑이 결실을 맺었다 해도 그들이 결혼하는 것은 아니다. 연인관계가 맺어질 뿐이다. 그것도 한 집에서 동거하는 짝이 아니다. 낮에는 본래의 가정에 속해 일을 하고, 밤이 되면 연인을 만나 함께 시간을 보낸다. 그 사이에서 아이가 태어나면 어머니가 전적으로 맡아서 기른다. 이 마을에서는 누구나 평생 어머니의 품을 떠나지 못한다.

자바 마을의 이런 풍습은 고대 일본의 방문혼訪問婚을 연상하게 한다. 알다시피 일본은 세계 어느 지역보다도 개방된 성문화를 가진 곳이다. 그래서 그런지 우리의 호기심을 불러일으키는 이색적인 전통도 발견된다. 혹자는 일본 서부지방에 널리 전해지던 요바이夜這い라는 풍습을 알 것이다. 밤중에 이성을 방문하여 자유롭게 성관계를 맺는 것이다. 20세기 초까지도 일본의 농촌 지역에서는 축제 때마다 이런 풍습이 행해졌다.

시대와 지방에 따라 편차는 있었다지만, 대체로 미혼 남성들이 요바이를 주도했다. 일부 지방에서는 기혼 남성도 합세하여 성적 쾌락을 즐겼다고 한다. 어떤 지방에서는 미혼 여성과 유부녀가 주체적으로 요바이에 나서기도 했다. 여성의 사회적 지위 또는 권위가 높지 않고서야 이런 일이 용납될 수 있었을까.

오랜 세월 동안 일본 사회에 유행한 요바이의 풍습과 중국의 자바 마을에서 관찰되는 생활상은 모계사회의 흔적을 여실히 보여주는 것이다.

그럼에도 우리는 역사의 대세를 간과할 수 없다. 역사의 대세는 여성의 자유와 권리를 제약하는 방향으로 흘러갔다는 것이다. 심지어 요바이도 점차 남성의 성적 자유와 권리를 상징하는 풍습으로 인식되어, 보기에 따라서는 일종의 성폭력으로 변질된 측면이 없지 않았다.

15

여성의
재산권

여성의 재산권은 역사적으로 큰 변동을 겪었다. 가령 서양 중세를 지나는 동안에는 여성의 재산권이 심각하게 위축되었다. 상황이 반전되기까지는 수백 년의 세월이 필요했다. 이슬람 문화권에서는 사정이 비슷하면서도 크게 달랐다. 7세기 후반 이슬람 세력이 커지자 여성의 재산권은 획기적으로 강화되었다. 그런데 이 흐름은 근대에 이르러 큰 변화를 겪었다. 오늘날 이슬람은 여권의 취약지대로 손꼽힌다.

한국 사회는 어땠을까? 16세기까지는 어느 나라와 비교하더라도, 이 땅의 여성들은 뒤지지 않을 정도로 막강한 재산권을 행사했다. 그러나 성리학이 사회 저변에 깊이 뿌리내리자 사정이 달라졌다. 여성은 상속에서 배제되었고, 활동 범위도 가정이란 좁은 울타리 안에 갇혔다.

아래에서는 그런 이야기를 조금 더 구체적으로 해볼까 한다.

결혼도 이혼도
스스로 결정한 로마 여성

민주주의가 발달한 고대 그리스 사회에서도 여성의 지위는 초라했다.

여성에게는 시민권조차 없었다. 외려 스파르타 여성들은 처지가 좀 나았다. 그리스의 여러 폴리스와 달리, 스파르타 여성들은 금전을 소유할 권리도 있었고, 그것을 마음대로 사용할 권리도 누렸다.

그래도 고대 그리스 여성의 지위는 반

클림트, 〈사포〉. 사포는 세계 최초의 여성 시인으로 꼽힌다.

드시 낮기만 했다고 말하기 어렵다. 여성도 교육받을 권리를 누렸으며, 소질과 능력에 따라 배우, 가수, 의사, 시인, 운동선수를 직업으로 삼을 수 있었다.

역사에 큰 이름을 남긴 서정시인 사포(기원전 612?~580?)는 여류시인이었다. 그녀는 레스보스 섬에서 출생했는데, 호메로스와 어깨를 견줄 정도로 높은 평가를 받았다. 사포는 고향에서 소녀들에게 노래와 춤을 가르쳤다. 아프로디테 여신의 축제 때는 소녀합창대를 이끌고 나타나 시민들의 환호를 받았다. 그리스 여성의 사회적 활동범위는 상당히 넓었던 셈이다. 여성도 다양한 직업에 종사하며 사회적 인정을 받았다. 그렇기는 해도 여성은 공적 지위에 오르지 못했으며, 국가의 현안에 가타부타 의견을 제시할 권리가 전혀 없었다. 여성은 그리스의 당당한 시민이 되지 못했다.

로마 시대가 되면 여성의 권리는 더욱 추락했다. 그들은 집 안에 갇힌 존재가 되었다. 여성은 가사 운영으로 식구들의 존경을 받는 데 만족해야 했다. 그럼에도 중세 여성보다는 처지가 나은 편이었다. 25세 이상의 여성은 스스로 혼인을 결정할 권리를 부여받았다. 특히 로마 말기에는 결혼뿐만 아니라 이혼까지도 스스로 결정할 수 있었다. 오늘날의 입장에서 보면 지극히 당연한 권리이지만, 역사적으로는 드문 경우였다.

초기 기독교 공동체에서도 여성의 역할과 권리는 상당히 컸다. 「사도행전」에는 영향력이 컸으리라 추측되는 여성이 여럿 등장한다. 이 점을 좀 더 구체적으로 알아보자. 초기 교회의 중심인물인 바울이 쓴 「로마서」 제16장에 보면, 그가 자신을 도와 전교사업에 큰 역할을 담당한 동역자 29명을 거명했다. 놀랍게도 그 가운데 10명이 여성이었다. 그만큼 여성의 역할이 중요했던 것이다.

그러나 교회 공동체가 성장함에 따라 여성의 역할은 도리어 축소된 것으로 보인다. 아이러니가 아닐 수 없다. 학자들의 연구에 따르면, 바로 그 사도 바울이 교회 내에서 여성의 역할을 축소하고 가부장적 질서를 확립하는 데 기여한 장본인이었다고 한다. 이후 교회의 주역은 남성으로 귀착되었다. 중세 가톨릭교회는 그야말로 교황 중심의 절대적인 가부장 지배체제로 유지되었다.

중세 여성, 재산을 쓸 수는 있어도
처분할 수는 없었다

서양 중세 사회는 로마법의 지배를 받았다. 그 바람에 장자상속제도가 대세였다. 하지만 인구사적으로 볼 때, 영주들의 20퍼센트는 아들을 상속자로 두지 못했다. 자연히 딸에게도 상속권이 넘어갔다. 또 로마법의 영향이 아직 미미한 지역도 없지 않았다. 그런 곳에서는 영주의 봉토가 자녀들에게 공평하게 분배되기도 했다. 이에 더해 장자가 상속했더라도 조기에 사망하는 경우 이래저래 여성이 영지를 물려받아 직접 경영에 나서는 일이 드물지 않았다.

때로 과부가 된 여성은 남편의 재산을 관리했다. 중요한 사실이 또 하나 있다. 중세 사회에서는 결혼한 여성이 과부가 될 경우에 대비해, 과부 몫의 재산을 미리 결정하는 관습이 있었다. 결과적으로 남편이 죽으면 40일 이내에 재산의 상속자와 후견인들이 과부 몫의 재산을 챙겨주었다. 과부는 생전에 그 재산을 마음대로 사용할 수 있다. 그러나 그녀가 사망하면 남편 집안에 반환해야 하기 때문에, 마음대로 처분할 수는 없었다.

이런 예를 통해 짐작할 수 있듯, 중세 서양 여성의 재산권은 여러모로 제한을 받았다. 여성이 가져간 결혼지참금과 친정에서 물려받은 상속재산 및 남편의 재산은 일단 부부의 공동재산이었다. 그런데도 그에 대한 관리는 남편의 권한이었다. 이 경우 아내는 남편의 동의 없이는 어떠한 재물도 처분하거나 다른 재물과 교환할 수 없었다. 저당을 잡힐 수도 없었다. 반면 남편은 아무런 제약도 받지 않았다. 심지어 아내의 동의 없이 처분해도 법률적으로 하자가 없었다. 과부가 될 경우에 떼어주기로 약속한 재산을 남편이 멋대로 팔아버려도 문제가 될 것은 없었다. 재산권의 저울은 남편 쪽으로 확연히 기울어 있었다.

여성이 법률에 따라 재산권을 온전히 행사하는 경우란, 예외적인 상황에 국한되었다. 남편의 병환이 심각할 때, 또는 장기간 부재중이라 법정에 나올 수 없을 때 여성은 남편의 대리인이 될 수 있었다. 일반적으로 여성의 법적 권리는 법정에 대리 출석한 남성을 통해서 행사되었다.

그나마 여성이 자유로울 때는 과부가 된 다음이었다. 이 경우에는 자신의 부모에게서 물려받은 재산을 임의로 자녀에게 나눠줄 수 있었다. 간혹 중세 귀족 중에는 어머니 집안의 성을 사용하는 경우가 있었는데, 이것은 모계의 재산을 상속했다는 표지로 보아도 무방했다.

어쨌거나 중세 사회에서는 재산이 있어야 특별한 권리를 인정받았다. 여성이라도 재산이 있으면 마을 회의에 참석할 자격을 얻었다. 도시에서도 사정은 비슷했다. 재력만 있으면 시민권을 획득할 수 있었다. 이와 달리 같은 시기 한국 사회에서는 재력이 큰 여성이라도 공적 자격이라든가 의사결정의 권한을 인정받지는 못했다.

여성의 재산권과
참정권을 위한 연대

12세기 이후 서양 여성의 권리는 약화되었다. 로마법의 영향이 적지 않았다. 갈수록 여성의 지위는 낮아졌다. 16세기경 여성은 사실상 법적 무능력자로 전락했다. 1804년에 제정된 나폴레옹 민법전, 그것은 유럽의 역사에서 봉건제를 청산하고 근대적 성문법을 도입한 일대 쾌거였다. 그러나 그 법전조차 여성의 재산권과 소송권을 노골적으로 부정했다. "남편은 자기 아내를 보호할 의무가 있으며, 아내는 복종할 의무가 있다."(민법 제 213조) 여성의 인권에 대한 나폴레옹 시대의 인식 수준은 이처럼 낮았다.

영국은 유럽에서도 인권의식이 가장 높은 편이었다. 그럼에도 여성의 참정권과 재산권을 허락하는 데는 인색했다.

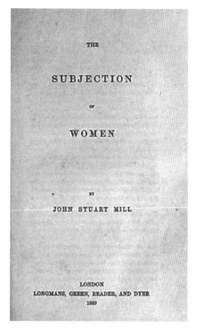

1869년에 간행된 존 스튜어트 밀의 『여성의 종속』. 페미니즘의 고전으로 손꼽힌다.

1870년까지도 영국의 관습법은 아내가 실질적으로 소유한 동산動産의 소유권이 남편에게 귀속하는 것으로 보았다. 여성 명의로 된 부동산에 대해서도 그 관리권한이 남편에게 있다고 판단했다. 법적 문제가 발생해도 여성은 법정에 나가 자신의 권리를 직접 주장할 수 없었다.

당시 과학자들은 성 차별을 생물학적 차이라고 강변했다. 18세기 중반 유럽에 등장한 사이비과학인 골상학에서는 여성의 뇌가 남성의 뇌보다 무게가 가볍다는 이유로 남녀차별을 정당화했다. 많은 의학자들은 남성의 성기를 기준으로 삼아, 여성의 성기는 그 자체가 비정상적이라고 우겼다.

그런 와중에도 소수의 용감한 지식인들은 편견과 오류에 맞서 싸웠다. 존 스튜어트 밀이 대표적이다. 1869년에 간행된 『여성의 종속The Subjection of Women』에서 그는 잘못된 편견으로 인해 여성의 사회적 기여를 가로막는 것은 큰 문제임을 지적했다.

밀은 남성과 여성이 본질적으로 동등하다고 믿었다. 만일 차이가 있다면 그것은 교육과 환경 탓이었다. 그는 역사책을 들추어 큰 업적을 남긴 여왕들이 있었다는 사실을 상기시켰다. 밀은 여성에게도 투표권을 인정하는 것이 당연하다는 입장이었다.

『여성의 종속』은 인간의 본성을 깊이 탐구하고, 바람직한 사회상을 제시했다는 점에서 한 시대를 대표하는 저작이다. 후세가 이 책을 페미니즘의 고전으로 평가하는 것은 옳은 일이다.

밀과 동시대의 미국 사회에는 여성의 재산권과 참정권을 위해 연대 투쟁을 벌인 여성운동가들이 존재했다. 이미 1850년대부터 엘리자베스 캐디 스탠턴을 비롯하여 수전 앤서니, 어니스틴 로즈 등이 청원서를 작성하여 1만 명의 지지서명을 받아냈다. 그들은 이 청원서를 뉴욕주 의회에 제출했다. 당장에 가시적 효과가 나타나지는 않았으나, 역사적 관점에서 보면 무척 중요한 운동이었다. 서구 여러 나라에서 벌어진 여성운동의 결과, 마침내 1893년에는 뉴질랜드에서 처음으로 여성에게 선거권이 주어졌다. 이로써 여성의 재산권과 참정권을 인정하는 새로운 흐름이 뚜렷해졌다.

여성의 교육, 재산권,
배우자 선택권을 인정한 이슬람

이슬람의 경전인 코란과 그들의 법률인 샤리아에는 여성의 권리가 다
각도로 보장되어 있다. 가령 코란에는 다음과 같은 구절이 있다.

"남성에게도 부모 및 가까운 친척이 물려준 재산이 있고, 여성에게도
부모 및 가까운 친척이 물려준 재산이 있는 법이다. 각자는 많든 적든
정해진 몫을 받느니라."(4장 7절)

7세기 중후반부터 이슬람 세력이 확대되었다. 그러자 코란과 샤리아
에 담긴 세계관이 이슬람 문화를 특징지었다. 그에 따르면 남성과 여성
은 생물학적 또는 사회적 여건에 따라 차이를 보인다고 했다. 그러나 초
기의 이슬람은 이러한 차이를 차별로 확대해석하지 않았다.

물론 그들의 세계관에는 위험의 소지가 내포되어 있었다. 일부다처제

천사 가브리엘의 계시를 받고 있는 무함마드(14세기 그림). 이슬람 창시자 무함
마드는 여성이 교육받고, 재산을 소유하고, 배우자를 선택할 권리를 인정했다.

를 인정하는 태도가 좋은 예일 것이다. 그런데 코란은 다처제의 조건을 명시했다.

"너희가 여러 아내를 공평하게 대해주지 못할 것 같은 염려가 들 경우, 한 사람의 여인하고만 결혼하든가 아니면 너희 오른손이 소유한 것, 즉 노예 여성과 관계해야 한다."(4장 3절)

이슬람이 성립되기 전 중동지방 여성들의 권리는 보잘것없었다. 여성의 재산권은 전혀 인정되지 않았다. 결혼한 여성은 남편의 소유물로 간주되었다. 남편이 죽으면 모든 재산권은 아들에게 넘어갔다.

이러한 전통을 뒤엎은 것은 이슬람 창시자 무함마드였다. 그는 여성의 지위를 강화하고 많은 권리를 부여했다. 여성이 교육받을 권리, 재산을 소유하고 경제활동에 참여할 권리, 배우자를 선택할 권리까지도 인정했다. 한 마디로 이슬람의 성장이 중동지역의 여권을 신장시켰다. 동시대 유럽 사회에 비하면 이슬람 여성의 지위와 권리는 월등했다.

『옥스퍼드 이슬람사전Oxford Dictionary of Islam』을 보아도, 이슬람 사회의 몇 가지 특징이 눈에 띈다. 우선 그들은 영유아 살해를 금지했고, 특히 여아 살해를 준엄하게 꾸짖었다. 뿐만 아니라 여성이 자신의 권리를 지키기 위해 법정에 출두할 권리를 인정했다. 또 여성의 재산권도 결코 부정하지 않았다. 코란은 여성(딸)도 남성(아들) 몫의 절반을 상속받을 권리가 있다고 인정했다. 가령 코란 4장 11절에 다음과 같은 구절이 있다.

"아들의 지분은 딸 2명의 지분과 같다. 오직 딸들만 있으면 딸들의 상속분은 전 상속재산의 3분의 2이고 외동딸이면 상속재산의 2분의 1이다."

코란에 여성의 재산권이 비교적 확고하게 보장된 까닭은 무엇일까.

많은 연구자들은 무함마드의 첫째 아내 하디자 덕분이라고 한다. 무함마드와 결혼했을 당시 그녀의 나이는 이미 중년이었다. 정확히 말해, 하디자는 전 남편의 재산을 상속한 부유한 미망인이었다. 그녀 덕분에 무함마드는 평생 돈 걱정을 할 필요가 없었다고 한다.

또 코란에는 지참금에 관한 여성의 권리를 명시했다. "종래에는 시아버지에게 지불하는 것으로 인정되어 온 것이 지참금이다. 그러나 이제부터는 이를 결혼한 여성이 마음대로 처리할 수 있는 고유 재산으로 간주한다."

이 기회에 샤리아에 대해서도 분명히 강조할 점이 있다. 이슬람 법률이 도입되자, 결혼은 기혼자라는 신분을 부여하는 징표가 아니라, 여성의 동의를 전제로 한 민법상의 계약으로 취급되었다.

이슬람 사회 역시 가부장 사회였다. 그 점에서 기독교 사회나 유교 사회와 조금도 다를 바가 없었다. 그러나 이슬람 사회는 서구의 기독교 사회와는 상당한 차이를 보였다. 그들은 결혼을 민법상의 계약으로 보았고, 지참금을 여성의 재산으로 인식했다. 재산에 대해서도 여성의 상속권을 인정했다. 그런 점에서 샤리아는 진보적이었다고 할 수 있다.

그러나 이슬람 세계에도 변화가 찾아왔다. 14세기 이후 코란 본래의 정신으로 되돌아가자는 근본주의 열풍이 거세게 불었다. 그러나 여권에 관한 한 그것은 경전의 구절을 무색하게 하는 명백한 퇴보를 뜻했다. 가부장적인 분위기가 이슬람 사회에 팽배해졌고, 여성의 지위는 갈수록 낮아졌다.

결과적으로 코란이 보장한 여성의 상속권이 크게 약화되었다. 가령 가장이 유언을 남기지 않고 갑자기 사망했을 경우, 대다수 유가족은 이슬람 법정에 상속 문제를 의뢰했다. 법정의 판례를 조사해보면 여성은 상속에서 제외되기 일쑤였다. 죽은 사람의 재산은 모두 아들들 차지가 되었다. 딸만 있을 경우에도, 그 재산은 망자의 형제들에게 귀속되었다. 코란의 취지와 달리 이슬람의 딸들은 상속에서 점차 배제된 것이다.

오늘날 이슬람 내부에도 여권 신장을 외치는 목소리가 없지는 않다. 그러나 내가 보기에 이슬람의 시계는 한참을 거꾸로 돌아간 것 같다.

조선 전기, 여성의 재산권 온전히 보장

조선 전기까지도 이 땅의 여성들은 재산권을 온전히 행사했다. 동산과 부동산을 자신의 명의로 소유했으며, 자신의 뜻대로 물려주거나 매각할 수도 있었다. 심지어 남편이 국가로부터 부여받은 권리를 남편의 사후에도 계속 행사했다.

1432년(세종 14) 6월 27일자『세종실록』에는 여성의 재산권 행사에 관한 흥미로운 사건이 기록되어 있다. 요점을 간추리면, 개국공신으로 판부사(종2품)를 지낸 이화영의 배우자 동씨童氏가 불법을 저질렀다는 것이다. 이화영은 자신에게 일정한 물품을 납부할 '봉족奉足' 30호를 둘 수 있었다. 그런데 그는 거기에 더해 123호를 추가로 점유했다. 문제는 그가 죽은 뒤에도 아내 동씨가 그들에 대한 권리 행사를 계속했다는 사실이다.

동씨는 봄가을마다 봉족들에게 물건을 받아 사용했다. 뿐만 아니라 자신의 봉족이 벼슬길에 나가지 못하게 막았다. 이는 명백한 불법행위였다. 엄밀한 의미로는 일체의 봉족을 국가에 반환해야 했다. 그런데 당시 관습에 따르면, 법이 정한 30호의 봉족에 대해서는 이화영의 아들들이 권리를 행사할 수 있었다.

조정의 고관과 담당부서에서 이 문제를 상의한 결과, 여러 가지 의견이 제시되었다. 세종은 그들의 견해를 두루 참작하여 다음과 같은 최종 결론을 내렸다.

"전에 (법에 따라) 나눠준 30호 가운데 10호는 동씨童氏가 차지하라. 나머지 20호 및 (이화영이 호적에서) 누락시켜 빼돌린 장정들은 모두 새로 군역을 정하라."

조정은 수년 동안 계속된 과부 동씨의 불법행위에 대해 아무런 책임도 묻지 않았다. 그러기는커녕 그녀의 노후를 보장하기 위해 10호의 봉족을 계속 사용하게 했다. 나머지 인력에 대해서만 법에 따라 환수하도록 조치하는 데 그쳤다.

15세기 조선 사회에서는 과부의 재산권을 제한하려는 시도가 가시화되었다. 사안이 무척 중대하다고 보았기 때문에, 조정에서는 이 문제를 토의했다.

1490년(성종 21) 6월 8일, 성종은 혈육이 없는 과부가 재산을 임의로 처분하는 것이 옳은지를 신하들에게 물었다. 그 재산은 과부가 죽은 뒤에는 남편의 형제와 조카에게 상속될 것이었다. 왕명에 따라 토의에 참석할 대상이 영돈녕(정1품) 이상의 고관과 의정부, 육조, 한성부, 사헌부, 사간원, 홍문관의 신하로 정해졌다.

신하들의 의견은 여러 갈래로 나뉘었다. 심회 등 11명은 과부가 마음대로 재산을 매각하는 것은 용납할 수 없는 일이라고 주장했다.

홍응은 생계를 유지하기 위해서라면 당연히 매각할 수 있다고 주장했다. 노사신을 비롯한 5명의 신하들도 동의했다. 이철견 등 3명은 매각을 빙자해 과부가 다른 사람에게 증여하지 못하게 단속할 것을 요구했다.

이극돈은 과부가 처분하는 재산이 소액이라면 괜찮다고 했다. 그에 반해 유순은 매각은 어떤 이유로도 허용할 수 없다고 주장했다. 이집 등 18명은 매입자는 남편의 친족에 국한해야 한다고 조건을 달았다.

내가 보기에 성종의 본의는 과부의 재산 처분을 금지하려는 데 있었다. 그러나 신하들의 반대가 심해 최종 결정을 미루었다.

16세기가 되면 과부의 재산권 행사에 국가가 깊숙이 개입한다. 1537년(중종 32) 12월 5일 중종은 과부 손씨가 죽은 남편의 서녀에게는 너무 많이 주었고, 양자(강여숙)에게는 조금만 물려주었다며 시정명령을 내렸다. 사건의 경과는 대강 이랬다.

과부 손씨에게는 양자 강여숙이 있었다. 양자는 남편의 친조카였다. 법에 따르면 강여숙은 친아들과 전혀 차이가 없었다. 손씨 부부의 재산(토지와 노비 등)은 대부분 양자의 몫이었다.

그러나 손씨는 양자를 별로 아끼지 않았던 것 같다. 마침 손씨의 남편에게는 첩실이 낳은 딸, 곧 서녀가 하나 있었다. 손씨는 그 딸을 매우 사랑해, 노비만 해도 무려 150여 명을 물려주었다. 양자에게는 그보다 적은 수를 지급했다.

이런 사실이 세상에 알려지자 물의가 비등했다. 마침내 장례원은 이 사건을 중종에게 보고했다. 국왕은 손씨의 처사를 강력히 비난하며, "인정과 도리에 어긋난 듯하다. 『(경국)대전』의 상속 규정에 따라 물려주는 것이 옳다"라고 결론지었다.

사료에는 그런 기록이 없으나, 이치로 보아 장례원은 왕명을 받들어 손씨의 재산 분배를 원점으로 돌렸을 것이 분명해 보인다. 그렇다면 양자 강여숙은 양부모의 재산 가운데서 적어도 7분의 6을 물려받았을 것이다. 서녀의 몫은 최대 7분의 1에 그쳐야 했다.

한 마디로 국가는 법의 취지를 내세워 손씨 개인의 의사를 완전히 무시한 조치를 강요한 셈이다. 사유재산에 대한 국가의 개입이 과도했다고 생각한다.

호주제 폐지라는
쾌거 이후

여성의 권리가 축소되자 상속제도에도 상당한 변화가 일어났다. 한국 사회에서도 비슷한 일이 일어났다. 16세기 후반이 되면 양반 집안에서 아들은 딸보다 상속자로서 더욱 선호되었다.

강원도 유형문화재 제9호로 지정된 「이씨분재기李氏分財記」가 뇌리를 스쳐간다. 그 문서는 1541~1561년에 작성되었고, 강릉에 살던 용인이 씨라는 여성이 자신의 소유재산을 5명의 딸들에게 분배해준 사연을 기록한 것이다. 상속자들 가운데는 16세기의 대학자 율곡 이이와 그 모친 신사임당도 포함되어 있다.

용인이씨는 이이의 외할머니다. 그녀는 문서를 통해 자기가 죽은 다음에 제사를 외손자 현룡見龍, 곧 이이에게 부탁한다고도 했다. 또 그 대가로 서울 수진방에 있던 집과 전답을 이이에게 특별히 지급했다. 당시는 제사도 자식들이 돌아가며 모시는 윤사輪祠가 보편적이었는데, 이씨는 외손자 이이를 봉사손奉祀孫으로 지정했다. 이이는 둘째 딸 신사임당의 일곱 자녀 가운데 다섯째였고, 외할머니가 그를 입양한 셈이었다.

또한 용인이씨는 묘소 관리를 강릉에 사는 외손자 운홍雲鴻, 즉 권처균權處均(이이의 이종사촌 동생, 호는 오죽헌)에게 맡겼다. 권처균에게는 강릉 북평촌에 있던 자택(오죽헌)과 전답이 주어졌다. 권처균은 용인이씨의 넷째 딸이 낳은 아들이었다.

요컨대 용인이씨에게는 모두 5명의 딸과 10명 이상의 외손자녀들이 있었다. 많은 후손들이 있었던 셈인데, 용인이씨는 하필 2명의 외손자에게 큰 재산을 물려주었다. 겉으로 보면 5명의 딸들이 부모의 재산을 골고루 나누어 받은 것처럼 보이지만, 엄밀한 의미에서는 차별 상속이었다. 용인이씨에게 가장 귀중한 재산들, 즉 서울의 집과 강릉의 자택 등은 그녀가 유달리 사랑한 외손자 2명에게 상속되었으니 말이다. 용인이씨는 자신의 재산을 딸이나 외손녀들에게 물려줄 생각이 별로 없었다. 그녀의 결단은 한국 사회에서 상속자로서 여성의 지위가 약화되고 있던 시대 상황을 보여준다.

근대 초기에는 어느 나라에서나 가부장제가 강화되었다. 젠더의 양극화가 심해진 것이다. 서양에서는 일터와 가정의 분리가 이런 사회적 변화를 이끌었다는 견해가 있다. 도시가 발달하고 산업이 더욱 분화된 결과로 그렇게 되었다는 설명이다.

그럼 이슬람 문화권과 한국 사회에서는 왜 여성의 소외가 강화되었을까? 한국에서는 가부장적인 종법宗法 질서가 강화되었고, 이슬람 사회에서는 남성 중심의 근본주의적 경향이 더욱 짙어졌기 때문이다. 특히 한국 여성의 권리는 일제강점기 동안 더욱 축소되었다. 일본 군국주의 체제는 남성 중심의 호주제를 더욱 강화했다.

1980년대 이후 한국 여성의 인권은 차츰 회복되기 시작했다. 호주제가 폐지되었고, 동성동본 결혼을 가로막았던 악법도 사라졌다. 여성에게도 남성과 동등한 상속권을 인정하는 새로운 법이 마련되었다. 드디어 조선시대의 상속법이 온전히 복구된 셈이었다. 이러한 변화는 한국 사회 전반에 민주화의 열기가 널리 확산된 결과였다.

앞으로도 한국 여성의 사회적 지위는 끊임없이 개선될 전망이다. 20세기 서양 사회에서 줄기차게 이어졌던 여성운동을 능가하는, 새로운 여성운동이 이 땅에서 일어날 것이다. 그리하여 마침내 젠더를 가르는 두꺼운 편견의 장벽이 사라질 그날이 어서 오기를 소망한다.

상속의 폐단을 없애기 위해

인간의 운명은 상속을 통해 결정될 때가 많다. 부자가 부자인 까닭도 왕
자가 자라서 국왕이 되는 까닭도, 상놈이 끝까지 상놈으로 살아야 하는
까닭도 상속 때문이었으니 말이다. 가진 사람에게는 너무도 고맙고 유
용한 것이 상속이란 제도이나, 평범한 사람들에게는 그리 탐탁한 것이
아니다. 21세기의 시민들은 상속제도를 과연 어떻게 받아들여야 할까.

사유재산을 둘러싼 플라톤과 아리스토텔레스의 논쟁

고대 그리스의 철학자 플라톤은 『국가』라는 저작에서 자신의 정치철학
을 총정리했다. 이 책에서 그는 스승 소크라테스의 입을 빌려, 이상국가
의 꿈을 피력했다. 작중의 소크라테스는 피지배자에게 유익한 것이 정
의로울 뿐만 아니라, 궁극적으로는 지배자에게도 이익이 된다고 역설
했다.

　이상국가를 건설하려면, 시민들은 지혜와 용기, 절제와 정의를 실천

해야 한다고 보았다. 여기에서 한 가지 흥미로운 주장이 대두하는데, 시민 모두가 소유욕을 버려야 한다는 것이다. 인간은 사적 욕망을 절제하여 공동선을 추구해야 하며, 이를 위해서는 통치자 집단이 일체의 재산을 공유하는 것이 옳다고 보았다. 심지어 처자까지도 공유하는 것이 바람직하다고 주장했다. 사적 소유를 완전히 포기함으로써, 어느 한 개인이나 계층의 행복이 아니라 국가 전체의 행복을 추구할 수 있다고 믿었던 것이다. 유교에서 강조하는 이른바 멸사봉공滅私奉公의 신념을 극단까지 주장했던 이가 다름 아닌 플라톤이다.

플라톤의 제자 아리스토텔레스는 스승의 공유제를 거세게 비판했다. 제자는 『정치학』에서 반론을 펼쳤는데, 만약 아내와 자식을 공유한다면 반인륜적 부작용을 피할 수 없을 것이라는 경고였다. 서로 간에 별다른 애정이 존재할 리가 없는, 형식적인 근친관계에서는 다툼과 비방, 폭력과 학대를 피하기 어렵고, 결국에는 근친살해마저도 일상사가 될 수 있다는 진단이었다.

사실 인간사회의 온갖 폐단은 사적 욕망의 무절제한 추구에서 기인할 때가 많다. 플라톤이 살았던 시대는 이미 고대 민주정치의 황금기를 지나, 극도로 타락한 참주들의 금권정치로 민생은 도탄에 빠지고 세상은 걷잡을 수 없이 혼란했다. 그런 점에서 플라톤이 주장한 공유제는 그리스 사회를 개혁하려는 일종의 극약처방이었다고 하겠다.

하지만 스승의 공유제는 인간 본성에 정면으로 위배된다는 주장이 아리스토텔레스의 냉철한 펜 끝에서 나왔다. 스승과 제자, 두 사람 가운데 누가 옳았을까. 섣불리 판단하기 어려운 일이다.

공유논쟁, 근대로 이어지다

그 뒤에도 서구의 지식인들은 재산의 상속을 둘러싸고 여러 차례 격론을 벌였다. 가령 토머스 모어는 역작 『유토피아』에서 상속제가 사라진 세상의 아름다움을 다각적으로 논했다. 만약 상속제도가 살아 있다면, 유토피아는 전적으로 불가능한 것이었다. 알다시피 토머스 모어는 사유제를 철저히 부정했다. 이후에 등장한 서양의 공상적 사회주의자들도, 과학적 사회주의자들도 사유재산을 인정하지 않았다. 그로부터 분파된 사회민주주의자들은 사유재산을 부정하지는 않았으나, 상속제도에 대해서는 상당한 거부감을 가졌다. 때문에 상속세율을 높이기 위해 많은 노력을 기울였다.

반면에 자본주의자들은 상속의 당위성을 고집했다. 논란 속에서도 유럽 근대 사회를 실질적으로 지배한 것은 자본주의자들이었다. 그리하여 상속제도는 오늘날에도 그 명맥을 유지하고 있다.

그렇다 할지라도 지난 200년 동안 서구 사회는 크게 변모했다. 1917년의 러시아혁명에 이어 양차 세계대전을 겪으면서 서구인들은 자본주의에 상당한 수정을 가했다. 사회보장정책이 전례 없이 강화되었다. 부자들을 대상으로 한 상속세율도 높아졌다. 사회적 약자를 보호하고, 가능한 한 모든 시민들에게 기회 균등을 보장하기 위한 조치였다. 부자들의 상속에 대한 사회적 감시가 필수적이라는 인식이 시민사회의 상식으로 인식되었다.

유가와 묵가의 뜨거운 논쟁

기원전 4~5세기 고대 그리스 사회를 뜨겁게 달구었던 공유제 논쟁은, 같은 시기 중국 사회에서도 전개되었다. 플라톤처럼 명시적으로 공유제를 전면에 내세우지는 않았으나, 묵자의 겸애설兼愛說은 본질적으로 별반 다르지 않았다. 묵자는 사적 관계 자체를 근본적으로 부정했기 때문이다.

겸애란 무엇인가? 친소관계를 전면적으로 부정하는 것이다. 묵자는 나와 남의 차이를 인정하지 않았다. 따지고 보면 강자가 약자를 침략해 빼앗고 죽이는 일을 다반사로 여기는 까닭은 자신의 이익을 도모하기 때문이다. 남을 깔보고 미워하며, 자신을 높이고 유별나게 아끼는 것도 남과 자기를 구별하고 차별하는 데서 비롯되었다. 이것이 묵자의 사회적 통찰이었다.

묵자의 해결책은 겸애였다. 나와 남을 구별하지 않고 똑같이 사랑하면, 신분적 차별도 소멸하고, 강국과 약소국의 갈등과 대립도 사라진다는 것이었다. 겸애를 실천하면, 사회적 약자도 보호를 받을 것이며, 전쟁과 다툼이 사라져 조화롭고 평화로운 세상이 될 것이다.

유가는 묵자의 이 같은 이상론을 강력히 비판했다. 아리스토텔레스가 플라톤을 반박했던 것보다 더욱 격렬하게, 맹자를 비롯한 유가의 스승들은 묵자를 공박했다. 유가 역시 인간관계에 있어 사랑(인仁)을 강조했다. 그런데 인간의 사랑이란 친소관계에 따라 근본적인 차이가 있기 마련이라는 주장이었다. 유가에 따르면, 나의 부모형제를 사랑하는 마음을 확대하여 이웃을 돌보고 아낄 수는 있다. 하지만 이웃에 대한 사랑이 부모형제를 대하는 내 마음과 근본적으로 동일할 수는 없다는 비판이었다.

잘 생각해보면 묵자의 겸애설은 너무 추상적이다. 현실에서 구현될 수 없는 이상론에 치우쳤다고 볼 수 있다. 그럼 유가의 주장은 어떠한가. 이른바 '친친親親'이라 하여, 친한 이를 친하게 대접한다는 것이다. 친소관계를 인간 사회의 순리로 인정함에 따라, 그들은 차등이 있는 예법을 정하게 되었다. 이것이 결국에는 '변등辨等', 곧 등급의 차이를 결정하는 사회적 관습으로 이어졌다. 지배층이 변등의 논리를 함부로 악용함에 따라 조선 후기 사회에서는 소수 지배자들이 특권의식을 내세우며 사회적 차별을 일삼았다. 유교 사회의 병폐도 적지 않았던 것이다.

조선 실학자들, 부의 집중을 막으려 해

상속제도를 기반으로 부자들은 대대로 부를 유지할 수 있었다. 토지의 생산성이 향상될수록 그들의 재산은 더욱 빠르게 늘어났다. 17세기에는 이른바 부호에 의한 '겸병兼倂', 즉 부자들의 사유지 확대가 사회적 문제로 부각되었다. 실학자 유형원은 처음부터 이 문제를 날카로운 시선으로 지켜보았다.

겸병이 확대되자 다수의 농민들이 자기 땅을 잃고 소작농으로 전락했다. 그들은 경제적 보상을 받지 못했다. 소작농들은 의욕을 상실한 채 지력을 고갈시켰고, 이는 결과적으로 경작지의 황폐화를 가져왔다. 국가적인 차원에서 보더라도 이것은 큰 문제였다.

겸병을 통해 부호에게 예속된 소작농들은 부호의 권력을 이용해 군역에서 빠져나갔고, 국가의 요역과 세금도 제대로 내지 않았다. 17세기 조선왕조는 세금감면 정책을 통해 자영농을 키우려 했으나, 실패로 돌아갔다. 조세감면의 실질적인 혜택은 대농장을 소유한 부호들에게 돌아가고 말았다.

유형원은 토지의 사적 소유를 철폐하는 것이 해답이라고 보았다. 모든 경작지의 소유권을 국가가 보유함으로써, 고대 유가의 이상인 정전제를 회복할 수 있기를 소망했다. 정전제란 일정한 규모의 토지를 9개로 구획하여 그중 8개는 농부들이 하나씩 차지하고, 중앙의 1개는 농부들이 공동으로 경작해서 소출을 나라에 바치는 것이었다. 이것은 맹자도 이상으로 삼았던 고대의 토지제도다.

유형원의 개혁사상을 계승한 이는 실학자 이익이었다. 그는 정전제의 이상은 당대의 현실과 거리가 멀다는 점을 인정했다. 이익은 실용주의자였다. 그는 이미 방대한 경작지를 독점하고 있는 부호들의 반발을 무마하면서, 점진적으로 경제정의를 구현할 수 있는 방법이 무엇인지를 궁리했다.

이익이 떠올린 것은 영업전永業田이었다. 농가가 자립적으로 생활하는 데 필요한 최소한의 토지를 영업전으로 정해, 거래를 금지시킴으로써 점차 자영농을 기르자는 것이었다. 또 겸병으로 비대해진 부호의 농장은 세대가 아래로 내려갈수록 분할되도록 유도하여, 수대가 지나면 저절로 해체되게 하자는 것이었다.

이밖에도 박지원과 정약용 등 조선 후기 실학자들이 부의 집중을 막고, 소작농으로 전락한 대다수 농민들을 구제할 방안을 다각적으로 연구했다. 자세히 들여다보면 그들의 견해가 반드시 일치하는 것은 아니었다. 그럼에도 두 가지 공통점이 있다.

첫째, 실학자들은 이미 오래전부터 법적으로 보장된 조선의 상속제도 자체를 인위적으로 바꾸려 하지 않았다. 그들은 상속제도를 그대로 유지하면서도, 부의 집중을 완화할 방법을 모색했다.

둘째, 소작농 또는 빈농층의 경제적 자립을 핵심적인 과제로 인식했다. 요즘말로 중산층의 육성을 국가적 과제로 보았던 것이다.

물론 조선의 지배층은 이러한 실학자들의 주장을 잘 알고 있었다. 영조와 정조를 비롯해 역대 국왕들도 과도한 부의 집중으로 인한 문제점에 주목했다. 하지만 그들은 사태를 관망하기만 했다. 국가는 아무런 혁신적 조치도 취하지 않은 채, 세월만 보내고 있었다.

경제정의가 실종된 한국 사회

1910년 조선은 망했다. 35년의 세월이 더 흐르자 다행히 식민지의 굴레는 벗겨졌다. 그로부터 70년 넘게 또 다른 세월이 지나갔다. 100여 년 세월 동안 이 세상은 얼마나 달라졌을까.

미국의 허드슨연구소가 낸 보고서에 따르면, 세상의 부는 극소수의 수중에 더욱 집중되었다. 2013년 기준 미국의 상위 5퍼센트 부자들이 전체 자산의 62.5퍼센트를 소유한다. 30년 전에 비하면 부의 집중도가 8퍼센트 이상 강화되었다. 그러는 사이 계층 간 소득격차도 더욱 벌어졌다. 또 다른 연구에 따르면, 미국의 최상위 0.01퍼센트 부자들이 전체 자산의 22퍼센트를 소유하고 있다고 한다.

한국은 어떤 상황일까. 복잡한 수치를 일일이 인용해가며 비교할 필요조차 없겠다는 생각이 든다. 극소수 한국 재벌들의 눈부신 활약을 온 세상이 다 알고 있지 않은가.

아무래도 미국 사회는 우리와 비교할 수 없이 나은 점이 있다. 미국 400대 부자 가운데 자수성가한 사람이 69퍼센트나 된다고 한다. 한국은 전혀 다르다. 30대 재벌 가운데 당대 창업자는 7명뿐이다. 나머지 23명은 순전히 상속을 통해서 돈방석 위에 올라앉았다. 한국의 부자들은 대개 상속 덕택에 그리 된 것이지만, 미국에서는 자력으로 부를 거머쥔 경우가 과반수다. 미국이 부럽지 않은가.

이런 사정을 외면하지 못해 한국은 상속세와 증여세 부담률을 상향 조정했다. 2014년 현재 OECD 35개국 가운데 국내총생산(GDP) 대비 상속·증여세 부담률이 최상위권이다. 1위는 벨기에다(부담률 0.7퍼센트). 한국은 그 비율이 0.31퍼센트로서, 프랑스(0.47퍼센트)와 일본(0.38퍼센트)에 이어 4위를 기록했다.

그러나 한국에서는 이 법이 제대로 지켜지고 있는지 의문이다. 재벌들은 온갖 편법을 다 쓰고 있다. 그것만으로도 부족해서 굴지의 재벌들은 정치권력과 유착해 상속세를 포탈한 혐의가 짙다. 증여 및 상속세율을 아무리 높인다 해도, 이미 실종된 경제정의를 쉽게 회복하기는 어려울 것 같다.

대안적 시민운동의 시작

정의가 실종된 이 세상을 내 손으로 고쳐보겠다고 나서는 시민들도 적지 않다. 우연히 알게 된 사실이지만, '좋은 하루'라는 작은 모임도 있다. 이 모임에 참가한 사람들은 시민들의 경제적 토대가 송두리째 망가진 오늘의 현실을 직시하고, 후기자본주의 사회의 모순을 해결하기 위해 팔을 걷고 나섰다.

'좋은 하루' 회원들은 인간의 존엄을 지키기 위해 하루하루를 마지막 날처럼 값지게 살고자 한다. 그들은 채무 없는 생활을 의무로 삼는다. 회원들은 승강기가 필수적인 주거방식을 거부하며, 1인당 10평 이상의 주거공간을 소유한 사람은 거주 면적이 1평을 초과할 때마다 10평의

채소밭을 경작할 의무가 있다.

　최근 내가 알게 된 중요한 사실은 결국 한 마디로 요약된다. 현실 국가와 사회가 양극화 문제를 제대로 해결하지 못하자, 대안적 시민운동이 여러 나라에서 동시다발적으로 시작되었다는 사실이다. 어떤 이들은 생활공동체를 구성하여 노동과 주거, 양육의 문제뿐만 아니라, 삶 자체를 포괄적으로 재구성한다. 또 다른 이들은 생산, 소비, 여가 등에 관한 자신들의 생각을 실천에 옮기기 위해 구체적인 목표를 가진 단체들을 만들고 있다. 최근에는 우리 사회에도 생산자조합, 소비자조합, 교육공동체, 공부모임공동체 등이 조직되어 다양한 활동을 벌이고 있다. 그들은 거창한 정치적 구호를 내세우지 않는다. 하지만 그들의 활동을 가만히 들여다보면, 결국은 부의 양극화를 부추기는 현재의 사회질서를 바꾸어 좀 더 공평하고 정의로운 세상을 만들려는 움직임으로 풀이된다.

　어느 연구 결과에 따르면, 초기 동학운동 역시 상속 중심의 사회질서에 대한 대안 운동이었다. 동학에서는 '유무상자有無相資'의 실천을 강조했던 것이다. 가진 자(유)와 못 가진 자(무)가 서로(상) 의지(자)함으로써 단체 내부의 결속력이 강화되었고, 삶의 질도 근본적으로 달라졌다는 말이다.

　유무상자의 효력이 동학을 가장 앞장서서 비판하고 탄압하던 양반유생들의 「동학배척통문」(1863)에 나온다는 사실이 아이러니하다.

　"(동학의 무리는) 귀천이 같고, 등급과 지위의 차별도 없다. (그리하여) 백정과 술장사들이 한자리에 모인다. (그들은) 남녀를 차별하지 않는다. 포교소를 세우자, 과부와 홀아비들이 모여들었다. 재물과 돈을 좋아하여 있는 사람과 없는 이들이 서로 도우므로(유무상자), 가난한 이들이 기뻐한다."

동학교도 가운데서도 유무상자의 유익함을 증언한 이가 있었다. 1894년 동학농민운동 때 충청도 서산의 접주로 활약했던 홍종식의 체험담을 들어보자.

"죽이고 밥이고, 아침이고 저녁이고, 도인道人(신자)이면 서로 도와주고 서로 먹으라는 (가르침 같은) 데서 모두 집안 식구같이 일심단결이 되었습니다." (홍종식, 「70년 사상의 최대활극 동학란실화」, 『신인간』 34호, 1929년 4월호)

1894년 동학농민군은 유무상자를 광범위하게 실천했다. 비단 동학농민군들끼리만 그러했던 것이 아니다. 그들은 부자의 재물을 거두어서 가난한 농민들을 도왔다. 간혹 남의 재산을 빼앗기도 했으나, 그것은 평소 농민들을 괴롭힌 악덕 지주의 재산에 국한된 것이었다. 그랬기 때문에 백성들조차 동학농민군을 의롭게 여겼다.

서구의 해결책: 독일의 밀레 세탁기

유무상자, 좋은 이야기다. 21세기에 사는 우리는 그럼 서로 어떻게 해야 유무상자가 되는 것일까. 부자의 재산이 부럽다고 해서 함부로 가져가는 것은 있을 수 없는 일이다. 상속세율도 이미 상당한 고율로 책정됐으나, 효과는 미약하다. 세율을 조정함으로써 부의 집중을 바로잡기도 수

월하지 않은 일이다.

언젠가 그 회사 이야기를 한 적이 있지만, 독일의 세탁기 회사 밀레가 생각난다. 밀레는 사람을 한 번 기용하면 좀체 바꾸지 않는다. 고용 안정성을 보장함으로써 회사에도 이득이 되고, 노동자에게도 득이 된다니, 이것이 바로 현대판 유무상자가 아닐까.

1899년에 창립된 밀레는 진공청소기, 세탁기, 오븐 등을 생산하는 기업이다. 관련 분야에서 유럽 내 시장점유율 1위이며, 연간 매출액이 4조 5000억 원에 이른다. 고용된 노동자 수가 1만 8000여 명이다(2017년 기준).

이 회사는 평사원부터 CEO에 이르기까지 정식으로 채용되기만 하면, 65세까지 일자리를 보장한다. 밀레는 가족기업이지만, 개인적으로 상속받는 자산과 사업을 목적으로 승계받은 자산을 엄격히 구분한다. 독일은 개인상속분 재산에 대해서는 사회정의를 실천한다는 차원에서 높은 세율을 부과한다(최고 64퍼센트). 그러나 사업을 위한 자산은 상속세를 크게 감면해주고, 대신에 고용을 확대할 공적 책무를 강조하는 경향이 있다.

밀레는 독일 경제가 최악이었던 2004년에 재정이 악화되어 구조조정의 필요성을 절감했다. 그래도 이 회사는 직원을 해고하지 않았다. 회사는 전자센터를 설립하여 연구개발 비용을 확대하고 제품을 혁신했다. 매출 실적이 오르자 위기는 저절로 사라졌다.

상속제도의 폐단을 깊이 인식한 세계적인 재벌들의 움직임도 심상치 않아 보인다. 빌 게이츠를 비롯해 워런 버핏, 마크 저커버그(페이스북 창업자) 등의 예를 우리는 잘 알고 있다. 그들은 적은 금액만 자녀들에게 물려줄 뿐, 재산의 대부분을 사회에 환원하기로 결정했다.

따지고 보면 꽤 오래전부터 상속을 포기하는 사람들이 제법 많았다. 내가 독일 튀빙겐대학에 있을 때 알게 된 사실이지만, 튀빙겐대학 건물의 상당수가 그렇게 해서 마련된 것이었다. 상당수 시민들이 건물을 자녀들에게 물려주는 대신에 공익을 위해 대학 측에 기부한 것이었다.

최근에는 신자유주의의 영향으로 공익보다 사익을 우선시하는 분위기가 조성되기도 했다. 유럽 여러 나라에서 상속세를 폐지하는 흐름이 관찰된다. 아무리 그렇다 해도, 서구 사회가 공익을 무시한 채 '상속의 자유'를 부르짖으며 재물의 독과점을 향해 달려갈 것 같지는 않다. 그들의 근대는 한편으로 사적 재산권의 보호를 강조하면서도, 다른 한편으로는 정의로운 분배와 공공의 이익을 강조해온 전통이 뚜렷하기 때문이다.

상속제도는 집단의 생존전략

상속제도는 나라마다 큰 차이가 있었다. 같은 문화권 또는 같은 나라라 해도 시대에 따라 그 내용이 달라지기도 했다. 아마 앞으로도 상당한 변화가 일어날 것이다.

모든 제도는 그 자체로 나름의 장단점이 있기 마련이다. 하지만 같은 제도라도 문화적 맥락이 달라지면 그 기능에도 큰 차이가 있었다. 가령 장자상속제도를 예로 들어보자. 조선시대에는 이 제도를 토대로 종손 중심의 강력한 부계혈연집단이 등장했다. 하지만 같은 시기 영국에서는 전혀 다른 사회적 효과가 나타났다. 이 제도를 바탕으로 지주, 곧 젠트리가 지배층으로 부상하여 마침내 산업혁명을 주도했다. 또 유럽의 여러 나라와 일본에서는 장자상속제로 인해 군인, 수공업자 및 상인계층이 성장했다. 상속에서 배제된 많은 사람들이 저마다 활로를 개척하기 위해 노력하는 가운데, 사회경제적 변화가 일어났던 것이다.

상속제도는 지참금, 결혼제도 및 여성의 사회적 위상과도 밀접한 관계가 있었다. 바로 그 점에서 큰 관심을 끄는 것이 이슬람 사회다. 이슬람 초기에는 기독교 및 유교문화권에 비해 여성의 사회적 지위가 훨씬 높았던 것이 사실이다. 그러나 점차 가부장적 지배체제가 강화되어, 여성은 억압 대상이 되고 말았다.

왜 이런 변화들이 일어났는가? 한 마디로 대답하기는 어려운 문제들이다. 그래도 한 가지 명백한 사실이 있다. 상속제도란 시대의 요청에 따른 그 사회의 대응이란 점이다. 내 식으로 말하면, 그것은 사회 구성원들의 집단적 생존전략이다. 어느 사회든지 여론을 주도하는 계층은 있기 마련이다. 그들은 자기네 사회가 당면한 주요 과제를 풀기 위해 일정한 상속제도를 더욱 강화하거나 수정했다. 또 그들이 선택한 상속제도에 종교적·문화적 의미를 부여했다.

집단적 생존전략의 실제를 구체적으로 알고 싶다면, 상속제도 및 그와 밀접한 관계에 있는 여러 가지 제도와 풍습을 깊이 검토해볼 일이다. 우리가 이 책에서 인간사회의 다양한 측면을 비교사적인 측면에서 다룬 까닭이 바로 거기에 있었다.

미래의 선택

21세기의 인류사회는 전례를 찾아볼 수 없을 정도로 서로 비슷해졌다. 나라마다 전통문화의 흔적이 아직도 뚜렷이 남아 있지만, 사고방식이 놀랄 만큼 빠른 속도로 유사해지고 있다. 인류의 정치경제적 행위를 규율하는 가치관이 사실상 하나로 통일되어가고 있다.

이른바 민주주의(정치)와 자본주의(경제)를 표방하는 나라가 대부분이다. 오랜 세월 동안 구축해온 역사와 전통의 차이를 초월하여, 인류는 통일적인 사회적 이상을 추구하게 되었다 해도 과언이 아니다. 지구상 어디에서나 인간의 자유와 차별받지 않을 권리가 강조되고 있다. 정도의 차이는 있으나 인류 보편의 이상이 지구상 어디에서나 관철되기 시작한 것이다.

더 정의롭고 따뜻한 세상을 만들기 위해 노력하는 사람들도 적지 않다. 만약 그런 노력이 조금이라도 결실을 거두게 된다면, 인류는 인간사회의 한 가지 해묵은 과제, 곧 상속의 문제에 대해서도 적절한 변화를 꾀하게 되지 않을까.

인류사회는 장차 어떤 방식으로 상속제도를 변화시킬 것인가. 가장 핵심적인 문제는 부의 독점을 어떻게 제한할 것인가 하는 점이다. 지난 20년 동안 양극화가 극심해진 상황을 고려할 때, 미래를 낙관하기 어렵 겠다는 생각이 들기도 한다. 그러나 이 책을 쓰면서 나는 적잖은 희망 을 발견했다. 멀리서 바라보면 인류의 역사는 모순으로 가득하지만, 자 세히 들여다보면 합목적적이다. 상속과 관련하여 인류사회는 다음의 세 가지 변화를 선택할 가능성이 있다고, 나는 생각한다.

첫째, 인류사회가 민주주의의 가치를 공유하게 된 이상 가족 가운데 한 사람이 부모의 유산을 독점하는 관습은 점차 사라질 것이다. 앞으로 는 지구상 어느 사회에서든 여성을 상속에서 차별하거나 완전히 배제 할 수 없을 것이다.

둘째, 사회정의의 실현이 중요한 과제로 대두하는 경향이 있다는 사 실도 간과할 수 없다. 그렇다면 일정한 규모 이상의 재산에 대해서는, 그것을 개인의 성취로 간주하기보다는 사회적 성취로 받아들이는 경향 이 점차 강화되지 않을까. 미래의 인류사회가 사유재산을 부정하는 일 은 없을 것이다. 그렇지만 부의 사회 환원을 마땅한 것으로 여기는 사회 적 관점이 더 강력한 지지를 받으리라 전망한다.

셋째, 인류사회가 정치적·경제적 가치를 널리 공유하게 됨에 따라 국가 간에 존재하는 불평등을 시정하려는 노력이 더욱 본격화될 것이 다. 지금까지는 한 나라의 재부財富를 그 나라 사람들의 사적 소유물로 인식했다. 앞으로는 이 역시 달라질 것이다. 재물의 사적 성격을 전면적 으로 부정하지 않으면서도, 거기에 내재하는 공유물로서의 성격이 강조

될 것이다. 국가 간 불평등의 구조가 해소되지 못한다면, 우리가 추구해
온 민주주의의 가치는 한낱 구호에 머물기 때문이다.

　물론 복잡다단한 인류사회의 이해관계가 단숨에 명쾌하게 정리되기
는 어려운 일이다. 미래에도 인류사회는 예기치 못한 우여곡절을 끊임
없이 겪을 것이다. 지난 수천 년의 역사가 그랬듯이 말이다. 역사를 살
펴보면 평화롭고 순탄한 시간보다는 험난한 역사의 파고波高 앞에서 고
뇌하고 좌절하는 시간이 더 많았다. 그러나 그런 가운데에도 늘 새로운
희망의 싹이 움터 나왔다.

참고문헌

가와무라 야스시, 임대희 옮김, 『송대에 있어서의 양자법』, 서경문화사, 2005.

『계후등록』.

『고려사』.

김광언, 『우리네 옛 살림집』, 열화당, 2016.

김부식, 『삼국사기』.

김용선, 『코란(꾸란)』, 명문사, 2002.

김호연, 『중세 영국 농민의 상속관습』, 울산대학교출판부, 2004.

레프 구밀료프, 권기돈 옮김, 『상상의 왕국을 찾아서. 십자군과 칭기즈칸, 유럽-중앙아시아와 이
　　집트까지』, 새물결, 2016.

마크 마슬린 외, 김맹기 · 이승호 · 황상일 옮김, 『완벽한 빙하시대. 기후변화는 세계를 어떻게
　　바꾸었나』, 푸른길, 2011.

미타무라 다이스케, 한종수 옮김, 『환관 이야기. 측근 정치의 구조』, 아이필드, 2015.

박영규, 『환관과 궁녀』, 김영사, 2004.

백승종, 『한국사회사연구』, 1996.

백승종, 『신사와 선비』, 사우, 2018.

베네데토 크로체, 최윤오 옮김, 『사고로서의 역사 행동으로서의 역사』, 새문사, 2013.

『승정원일기』.

『신인간』(20세기 초반 잡지).

심수경, 『견한잡록』.

앨리슨 위어, 박미영 옮김, 『헨리 8세의 후예들』, 루비박스, 2005.

에드워드 기번, 강석승 옮김, 『로마제국쇠망사』, 동서문화사, 2017.

엘리노어 허먼, 박아람 옮김, 『왕의 정부』, 생각의나무, 2004.

엠마뉘엘 르루아 라뒤리, 유희수 옮김, 『몽타이유. 중세말 남프랑스 어느 마을 사람들의 삶』, 길, 2006.

위르겐 슐룸봄, 백승종 외 옮김, 『미시사의 즐거움. 17~19세기 유럽의 일상세계』, 돌베개, 2003.

유수원, 『우서』.

유형원, 『반계수록』.

육우, 한유미 옮김, 『육우다경. 차 문명의 시작』, 연주, 2013.

이긍익, 『연려실기술』.

이영석, 『영국사 깊이 읽기』, 푸른역사, 2016.

이익, 『성호사설』.

이주화, 『이슬람과 꾸란』, 이담북스, 2018.

정현백, 김정안, 『처음 읽는 여성의 역사. 고대부터 현대까지, 우리가 몰랐던 인류 절반의 역사』, 동녘, 2011.

『조선왕조실록』.

조헌, 『중봉집』.

존 윌리엄스, 조영학 옮김, 『아우구스투스』, 구픽, 2016.

G.F. 영, 이길상 옮김, 『메디치 가문 이야기. 르네상스의 주역』, 현대지성, 2017.

채진원, 『무엇이 우리 정치를 위협하는가. 양극화에 맞서는 21세기 중도정치』, 인물과사상사, 2016.

크리스토퍼 브룩, 이한우 옮김, 『수도원의 탄생. 유럽을 만든 은둔자들』, 청년사, 2005.

타마라 손, 서종민 옮김, 『이슬람의 시간. 이슬람의 역사, 종교, 정치 제대로 이해하기』, 시그마북스, 2017.

토머스 모어, 나종일 옮김, 『유토피아』, 서해클래식 4, 서해문집, 2005.

플라톤, 이환 옮김, 『국가론(개정판), 이상국가를 찾아가는 끝없는 여정』, 돋을새김, 2014.

필립 D. 커튼, 김병순 옮김, 『경제 인류학으로 본 세계 무역의 역사』, 모티브북, 2007.

한국학중앙연구원 장서각 편, 『조선시대 재산상속문서 분재기. 공정과 합리의 장을 되짚어보다』, 한국학중앙연구원, 2014.

헬레나 노르베리-호지, 양희승 옮김, 『오래된 미래. 라다크로부터 배우다』, 중앙북스, 2015.

『흥부전』.

東浅井郡志(巻4), 滋賀県東浅井郡教育会, 1927.

赤松啓介, 夜這いの民俗学・夜這いの性愛論, ちくま学芸文庫, 2004.

Allan Massie, *The Royal Stuarts: A History of the Family That Shaped Britain*, Griffin, 2013.

Andrew Lees, *The City: A World History* (New Oxford World History), 2015.

Charles Mathew Clode, *The Early History of the Guild of Merchant Taylors of the Fraternity of St. John the Baptist*, London, Vol. 1 of 2: With Notices of the Lives of Some of Its Eminent Members (Classic Reprint), Forgotten Books, 2018.

Christiane Klapisch-Zuber(ed.), *A History of Women in the West: Silences of the Middle Ages. 2*, Harvard University Press, 1992.

Courville Castle, *The Gothic story of Courville castle: or, The illegitimate son, a victim of prejudice and passion. To which is added The English earl: or, The history of Robert Fitzwalter* (Kindle Edition), Hard Press, 2018.

Cynthia Eller, *The Myth of Matriarchal Prehistory: Why an Invented Past Won't Give Women a Future*, Beacon Press, 2001.

Hilary J. Beattie, *Land and Lineage in China: A Study of T'ung-Ch'eng County, Anhwel, in the Ming and Ch'ing Dynasties* (Cambridge Studies in Chinese History, Literature and Institutions), 2009.

Jürgen Schlumbohm, *Lebensläufe, Familien, Höfe* (Veröffentlichungen des Max-Planck-Instituts für Geschichte, Band 110), 2001.

Kozo Yamamura(ed.), *The Cambridge History of Japan, 3*, Cambridge University Press, 1990.

Peter Kriedte, Hans Medick, Jurgen Schlumbohm, *Industiarlization Before Industiarlization*, trasl. by Beate Schempp, Cambridge University Press, 1981.

Philip Henry Stanhope, *History of the War of the Succession in Spain*, Chizine Pubn, 2018.

R. Wall, Richard Wall, Jean Robin, *Family Forms in Historic Europe*, Cambridge University Press, 2010.

David Warren Sabean, *Property, Production, and Family in Neckarhausen, 1700-1870*, Cambridge University Press, 1990.

S. B. Kitchin, *A History of Divorce*, Leopold Classic Library, 2016.

Shih-Shan Henry Tsai, *The Eunuchs in the Ming Dynasty* (SUNY Series in Chinese Local Studies), 1995.

Stephanie Coontz, *Marriage, a History: How Love Conquered Marriage*, Penguin Books, 2006.

Wielenga Friso, *History of the Netherlands*, Bloomsbury Academi, 2015.

Willard J. Peterson, *The Cambridge History of China:* Volume 9, The Ch'ing Dynasty to 1800, Cambridge University Press, 2016.

상속의 역사

초판 1쇄 발행 2018년 12월 10일
초판 2쇄 발행 2019년 11월 27일

지은이   백승종
펴낸이   문채원
편집   오효순
디자인   이창욱
마케팅   이은미

펴낸곳   도시출판 사우
출판등록 2014-000017호
주소   서울시 양천구 목동동로 50, 1223-508
전화   02-2642-6420
팩스   0504-156-6085
전자우편 sawoopub@gmail.com

ISBN 979-11-87332-31-2 03900

「이 도서의 국립중앙도서관 출판예정도서목록(CIP)은 서지정보유통지원시스템 홈페이지(http://seoji.nl.go.kr)와 국가자료공동목록시스템(http://www.nl.go.kr/kolisnet)에서 이용하실 수 있습니다.(CIP제어번호: CIP2018036387)」